中国—中东欧研究院丛书

CHINA-CEE INSTITUTE

匈牙利与人民币国际化

Hungary and RMB Internationalization

陈新◎主编

中国社会科学出版社

图书在版编目（CIP）数据

匈牙利与人民币国际化/陈新主编.—北京：中国社会科学出版社，2018.5（2018.8重印）
（中国—中东欧研究院丛书）
ISBN 978-7-5203-2481-6

Ⅰ.①匈… Ⅱ.①陈… Ⅲ.①人民币—金融国际化—调查研究—欧洲 Ⅳ.①F822

中国版本图书馆CIP数据核字（2018）第085120号

出 版 人 赵剑英
责任编辑 范晨星
责任校对 郝阳洋
责任印制 王 超

出 版 中国社会科学出版社
社 址 北京鼓楼西大街甲158号
邮 编 100720
网 址 http://www.csspw.cn
发 行 部 010-84083685
门 市 部 010-84029450
经 销 新华书店及其他书店

印 刷 北京君升印刷有限公司
装 订 廊坊市广阳区广增装订厂
版 次 2018年5月第1版
印 次 2018年8月第2次印刷

开 本 710×1000 1/16
印 张 12
字 数 146千字
定 价 49.00元

目　　录

序　　言

人民币国际化始于2009年，到2018年已经有10个年头，但这只是人民币国际化进程的开始，因为人民币国际化是一个长期战略。

人民币国际化始于跨境贸易的人民币结算，既有来自国内企业希望规避美元等国际结算货币汇率波动的市场需求，也有货币当局在全球金融危机后对国际货币体系重塑的期望。当时国际收支正处于双顺差，人民币国际化选择了“经常项目输出、资本项目回流”的特殊路径。但在这种模式下，境外投资者持有人民币的意愿很大程度上依赖于人民币汇率和资产回报率，人民币输出会出现波动，有时这种波动还会比较大。

2015年“8·11”汇改触发贬值预期，在外汇管理措施加强之后，人民币流出一度成为规避外汇管理、实现资本外流并最终转为外汇资产的重要渠道。2016年，货币当局加强了对跨境人民币和离岸市场的管理，此后人民币支付结算、对外直接投资和离岸人民币存款均大幅萎缩，人民币国际化出现阶段性停滞。

经过10年的摸索，就人民币国际化路径来说，有必要扩展在资本项下输出，也就是通过信用货币创造实现本币输出，而这需要政府带动市场力量协同推进。理论上可以探索这样一条路径，即中国以人民币进行对外直接投资，对方在获得人民币后将其用于进口中国产品或者购买人民币债券等资产。这样，人民币既充当计价和结算货币，还被境外投资者作为资产持有，且不会增加外汇储备。

所以，人民币国际化处于发展路径的转折点，除了继续依靠经常项目输出，还需要扩大资本项下输出规模，增强跨境投融资和储备功能。“一带一路”倡议为资本项目下的输出提供了可能。

中东欧国家是“一带一路”沿线国家，其中匈牙利在人民币国际化方面走在前列，起到了引领和示范作用。2013 年 9 月中匈两国在中东欧地区最早签署了人民币货币互换协议，价值达 100 亿元人民币，2016 年协议到期后双方进行了续签。随着人民币国际化进程的不断推进，匈牙利央行做出了积极响应，并发起了布达佩斯人民币国际化倡议，近 3 年来每年春季在布达佩斯举办研讨会，讨论人民币国际化问题。2016 年，匈牙利在香港发行了人民币计价的债券，即中东欧地区第一家发行的熊猫债券。随后，匈牙利在中国大陆也发行了人民币债券。中匈两国的金融界也开展了合作。2003 年中国银行在布达佩斯开设分行，成为中国在中东欧地区的第一家金融机构。2015 年中国银行匈牙利分行获准担任匈牙利人民币清算行。2017 年秋季，匈牙利最大的银行——匈牙利储蓄银行在北京设立了分支机构，成为中东欧地区第一家在华设立的金融机构。

本书是中国—中东欧研究院与匈牙利央行合作的成果。中国—中东欧研究院是由中国社会科学院 2017 年在布达佩斯独立设立的新型智库。中国—中东欧研究院致力于与包括匈牙利在内的中东欧国家进行学术交流和智库合作。本书的工作得到了来自匈牙利央行和中国社会科学院的大力支持。2017 年 11 月，正值中国—中东欧国家领导人会晤在布达佩斯举行之际，中国—中东欧研究院与匈牙利央行举办了“匈牙利与人民币国际化”学术研讨会。中国社会科学院院长和匈牙利央行行长为会议致辞。此后，匈牙利央行行长为本书专门撰写了序言。在此特别感谢匈牙利央行国际合作局的 Marcell Horváth 局长、Dávid Szabó 处长，以及项目官员 Zsofia Szabó 女士。同时，也特别感谢中国社会科学院国际合作局项目官员李旸女士。中国—中东欧研究院的贺之杲博士和马骏驰以及《欧亚经济》杂志编辑部副主任李丹琳博士承担了本书的翻译工作。在此表示感谢。

本书的英文版将由匈牙利央行《金融与经济评论》杂志同期出版。

陈　新　博士

中国—中东欧研究院执行副院长、总经理

前　言

在过去几十年中，中国经济经历了令人瞩目的增长，超过日本成为继美国之后的世界第二大经济体。今天，中国对全球经济和贸易有着巨大的影响。“一带一路”倡议是一个由中国发起并涵盖了70多个国家、世界2/3人口的独一无二的全球性计划。它也涵盖了全球40%的GDP。相关的发展项目已经开始进行规划，所需的金融机构和融资资源也已经具备。新丝绸之路将连通各个参与国，这形成了一个新的21世纪的全球化阶段，进一步提高了各个区域的发展速度，并将促进人民币的国际化。

国际货币基金组织（IMF）已经将人民币纳入特别提款权（SDR）货币篮子之中，新的货币篮子从2016年10月1日开始生效，这意味着中国金融体系的进一步发展以及中国在全球经济中的角色得到了承认。这一举措是中国、国际货币基金组织和世界金融历史上的一个里程碑，同时也是中国经济深度融入全球金融体系的一个象征。同美元、欧元、日元和英镑一起，人民币成为国际货币体系中的第五大可自由使用的储备货币。一年多过去了，人民币的国际化程度也越来越高，越来越多的贸易交易以人民币结算，中国正与多个国家建立本币互换机制。同时，未来也面临一定的挑战。

通过仔细研究匈牙利和中国之间的双边关系，我们可以发现一个正在发展中的、有着一定历史的友谊，这一友谊也带来潜在的巨大收益。匈牙利是1949年第一批承认中华人民共和国并与其建立政治和外交关系的国家之一。许多高层次会议、高附加值投资、人文交流丰富了我们之间的关系。2010年，匈牙利总理欧尔班·维克托多实施了向东开放政策，政府将发展匈牙利与亚洲的关系作为目标。中国在2013年提出了“一带一路”倡议，也是中国向西开放的一部分。两者将为深化中欧关系，进而深化中匈伙伴关系创造适宜的环境。

为了支持政府的愿景，匈牙利国家银行致力于建立一个富有成效的长期关系，并帮助匈牙利成为中国金融机构和投资通往欧洲门户的中心。以下是我们合作的基石：

2013年，匈牙利国家银行和中国人民银行签署了一份价值为100亿元的货币互换协议，以促进两国之间的经贸关系。本币互换协议于2016年9月续签。

为深化和加强两国双边金融合作，2015年2月19日，匈牙利国家银行宣布了“中央银行人民币项目”（Central Bank Renminbi Programme）。“布达佩斯人民币倡议”（The Budapest Renminbi Initiative）也于同年晚些时候得以启动，以扩大匈牙利的投资范围和融资来源。这是一个多边平台，有兴趣参与中匈金融、贸易和经济关系的利益相关方都可以参加。中央银行人民币项目和“布达佩斯人民币倡议”密切相关。

2017年，在“16+1合作”成立5周年之际，匈牙利主办了中国—中东欧国家领导人峰会。匈牙利国家银行、匈牙利银行业协会（Hungarian Banking Association）和亚洲金融合作协会（Asia Financial Cooperation Association，AFCA）一道，共同在布达佩斯举办了AFCA第一次国际性的区域大会，即AFCA中东欧金融高峰论坛

(the AFCA CEE Finance Summit Forum)。

2018年拉姆法鲁西奖（Lámfalussy Award）的得主是时任中国人民银行行长周小川，以此表彰他长期专业性的工作、他作为中国人民银行行长的卓越成就以及对人民币国际化的不懈努力并成功将人民币提升为全球最重要的货币之一。拉姆法鲁西奖是一个国际性的奖项，每年在由匈牙利国家银行组织的拉姆法鲁西会议上颁发。

除了上述成果之外，正如中国人民银行一样，匈牙利国家银行的优先项目之一是促进高等教育的发展、改善高质量的经济学培训、提高研究能力和金融知识水平。匈牙利国家银行还致力于发展与清华大学、复旦大学等国外一流大学和学术机构的教育联系。

作为我方学术合作的一部分，匈牙利国家银行与中国社会科学院通过高层访问、讲座和会议保持着良好的关系。2017年4月，中国社会科学院在布达佩斯设立了独一无二的中国—中东欧研究院。由于该研究院旨在通过各国间的知识分享来扩大中欧学术合作，研究院的成立得到了匈牙利国家银行的热烈欢迎和高度支持。自研究院成立之日起，双方的联合研究工作进展顺利。这也是本书主题“人民币国际化”的缘起。

匈牙利国家银行和中国社会科学院通过谅解备忘录的形式确定了合作关系。这一备忘录于2017年11月底由时任中国社会科学院院长王伟光和我本人签署。签字仪式结束后，我们便启动了“匈牙利与人民币国际化研讨会”。本书的各位作者在会上能够介绍并讨论他们的研究成果。

本书是一本关于人民币国际化的研究报告，是匈牙利国家银行与中国—中东欧研究院之间科研合作的第一个具体成果。本书对中国的人民币及其在国际化过程中采取的措施进行了深入分析。

我衷心感谢各位作者以及来自中国和匈牙利的各位专家学者能够研究人民币国际化并分享他们对此的深刻见解，也衷心感谢本书的主编——陈新教授，以及所有为此做出贡献的人们。

（马骏驰翻译，陈新审校）

捷尔吉·毛托尔奇

匈牙利国家银行行长

匈牙利与欧洲的
人民币国际化

布达佩斯人民币倡议

达尼尔·保洛掏伊　饶奈特·许特*

“布达佩斯人民币倡议”是由匈牙利国家银行（即匈牙利中央银行，MNB）提出，于2015年启动的。本文讨论了该倡议提出的背景、实施和取得的成绩，对该倡议和央行人民币项目进行了详细的分析。文章强调了匈牙利的这一倡议与“一带一路”倡议之间的关系，阐述了它们与人民币国际化的相关性。

一　背景——双边本币互换和匈牙利央行的人民币项目

人民币国际化是当今国际金融界广泛讨论的话题之一。匈牙利央行也采取措施促进人民币的国际化进程，这样做有助于发展中匈金融关系。更进一步地说，中国和匈牙利都打开大门，中国以“走出去”战略和“一带一路”倡议表明其向世界开放的愿景，匈牙利以“向东开放”表明其向东方开放的政策。

迈出的第一大步是2013年9月，中国人民银行和匈牙利中央

---

* 达尼尔·保洛掏伊（Dániel Palotai），匈牙利国家银行首席经济学家，同时负责央行的货币政策。他是欧洲央行货币政策委员会委员，欧盟经济和金融委员会委员。饶奈特·许特（Zsanett Sütö），匈牙利国家银行高级经济师。

银行签署了一个双边本币互换协议，以加强双边金融合作，促进两国贸易和投资。互换规模为100亿元人民币/3750亿匈牙利福林，有限期三年。

2015年2月，在中国农历新年的第一天，匈牙利中央银行宣布启动“央行人民币项目”。中匈两国几十年来的良好关系为今后的进一步合作打下了坚实的基础。那时，中国已经成为欧盟和匈牙利最重要的贸易伙伴之一。匈牙利央行意识到，不断变化的全球金融和地缘经济环境需要一个更加合理的对华政策，因此，匈牙利央行制定了人民币项目。匈牙利央行认识到，中匈金融关系的进一步发展需要所有利益相关方面的共同参与，这就是“布达佩斯人民币倡议”的初衷。

匈牙利央行人民币项目有四个支柱：

1. 人民币外汇储备组合；

2. 央行人民币流动性调节工具以应对市场动荡；

3. 人民币跨境结算基础设施建设；

4. 与人民币使用和中国银行跨境交易有关的金融稳定和监管问题。

由于没有发生市场动荡，匈牙利央行流动性工具还没有使用，除此之外，在该项目的所有其他领域，匈牙利央行已经取得了重大成就。

二“布达佩斯人民币倡议”的启动

为了配合央行人民币项目，匈牙利央行于2015年3月启动了“布达佩斯人民币倡议”（BRI）。该倡议的目的是扩大匈牙利的投资范围和融资渠道。匈牙利央行实施该倡议的重要目标是创建货币、外汇和资本市场基础设施，发展结算体系，在金融、企业和政府部门与人民币结算的主要利益相关者合作获得中国资本市场准入许可。

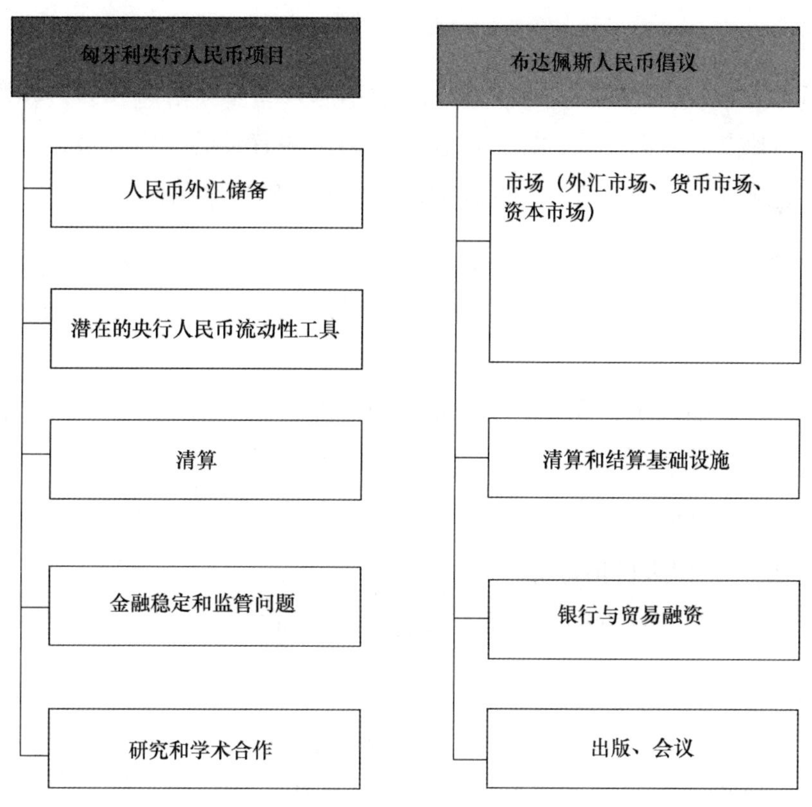

图1　匈牙利央行的人民币项目与“布达佩斯人民币倡议”之间的关系

图1揭示了匈牙利央行的人民币项目与“布达佩斯人民币倡议”之间的关系。

图1显示，匈牙利央行人民币项目与“布达佩斯人民币倡议”的主要支柱都密切相关，主要区别在于人民币项目是匈牙利央行的项目，界定了在央行自身业务和双边关系方面要达到的目的。“布

达佩斯人民币倡议”是由匈牙利央行发起的，但它是一个多边平台，对中国和匈牙利金融、贸易和经济关系有兴趣的利益相关者都可以参加。简而言之，人民币项目确定了央行的目标领域和自己想要做的领域，而“布达佩斯人民币倡议”则与人民币项目的目标有关，它为利益相关者提供了一个论坛，在此可以确定潜在的发展领域并交换观点和经验。在该倡议框架内召开会议，将所有利益相关方的观点汇集，而演讲题目涵盖与双边金融有关的所有领域，包括贸易融资、银行、金融、金融市场、清算和结算基础设施建设。

三　取得的成就

自启动以来，无论是人民币项目还是“布达佩斯人民币倡议”均已取得了有意义的成果。下面，我们将进一步讨论这些成果。

（一）以人民币计价的外汇储备资产

根据匈牙利央行人民币项目的目标，同时考虑到人民币在国际上的作用日益增强，匈牙利央行决定将部分储备分配给人民币资产并分步骤建立一个债券组合。投资组合包括中国国债，目的是为经济政策和外币资产多样化服务（MNB，2015a）。投资符合国际外汇储备管理办法，投资的第一个阶段是通过国际清算银行的间接技术实施的。第二阶段是在匈牙利央行与中国人民银行签署《中国人民银行代理匈牙利央行投资中国银行间债券市场的代理投资协议》后，直接投资中国债券市场。该协议于2015年6月由两国央行在巴塞尔签署。通过签署该协议，匈牙利央行向中国国内市场投资又迈进一步。

为了向机构投资者提供在中国国内债券市场的新机遇，2017

年匈牙利央行宣布与中国银行就代理协议达成一致，并续签了与中国人民银行的代理协议。

（二）续签双边货币互换协议

为继续保持中匈两国央行的良好合作关系，2016 年 9 月，中国人民银行与匈牙利央行续签了双边货币互换协议，金额与以前相同，为 100 亿元人民币，期限再延长 3 年。这次货币互换额度的续签增进了两国经济和贸易关系，进一步促进了人民币金融市场的发展（MNB，2016a）。

（三）清算

2015 年 6 月，匈牙利中央银行与中国人民银行签署了在匈牙利建立人民币清算安排的谅解备忘录，授权匈牙利中国银行担任匈牙利人民币业务清算行。签署人民币清算谅解备忘录是在匈牙利建设人民币清算基础设施的第一步。双方同意协调和配合监督匈牙利人民币业务，在系统的完善方面进行信息交流与合作（MNB，2015b）。

（四）金融稳定和监管问题

匈牙利央行作为监管机构和负责金融稳定的机构，在金融合作方面不仅仅是与中国人民银行合作。鉴于中国的金融机构对匈牙利市场很感兴趣，而匈牙利金融机构也愿意进入中国市场，因此，两国的监管机构之间也需要合作。为进一步加强监管的合作，2016 年 3 月，匈牙利央行与中国银监会签署了谅解备忘录。

（五）研究和学术合作

人民币项目的第五个支柱——研究和学术合作支柱，包括出版物和会议，旨在为利益相关者提供有关中匈经济和金融市场发展的信息和分析。①

除了研究和出版之外，匈牙利央行还促进与中国各高校的合作。匈牙利央行与中国大学之间的第一份谅解备忘录于2017年1月在布达佩斯签署。在合作的框架内，匈牙利央行职员可以参加清华大学的暑期项目，清华大学的学生也可以参加匈牙利央行暑期经济学院的项目。

2017年5月匈牙利央行与复旦大学在上海签署了谅解备忘录，在此备忘录框架内，与清华大学的合作框架类似，匈牙利央行的职员可以参加复旦大学的夏令营，而复旦大学的学生也可以参加匈牙利央行的暑期经济学院项目。

（六）高层会谈

中匈合作成功的基础和不断的支持是高层会谈。2016年1月，匈牙利央行行长捷尔吉·毛托尔奇和副行长马尔通·纳吉与布达佩斯证券交易所首席执行官一起参加了在中国上海举行的首届中匈金融论坛。该论坛由匈牙利央行和中国人民银行主办，中国银行的高管也参加了此次论坛并参与了讨论。匈牙利央行代表团同时与上海证券交易所和复旦大学的相关负责人举行了会谈。

2017年1月，清华大学代表团访问匈牙利，双方表达了建立师生交流计划和联合研究网络并在金融和商业教育方面进行合作的意愿。

同样在2017年1月，中国银行行长田国立访问匈牙利并参加了拉姆法鲁西讲座。在此次访问中，中国银行与匈牙利央行和其

---

① 在本文初稿写就之际，2017年11月，中国社会科学院与匈牙利国家银行在布达佩斯签署了关于研究合作的谅解备忘录。——编者注

他机构（包括布达佩斯证券交易所）签署了系列协议。

2017 年 5 月，匈牙利央行行长访华，与时任中国人民银行行长周小川会晤。随后，中国银行行长田国立也与捷尔吉·毛托尔奇举行了会谈。匈牙利央行行长还访问了清华大学，并在清华大学进行了演讲，会见了清华大学五道口金融学院的领导。

2017 年 8 月，匈牙利央行行长与复旦大学校长焦杨会面，双方同意成立中东欧高管培训中心，并就布达佩斯考文纽斯大学与复旦大学双学位项目交换意见。

（七）市场发展和人民币合格境外机构投资者配额（RQFII）

金融市场涵盖了几个细分市场，包括交易所和场外市场，并且涉及多个资产类别，如债券、股权。2015 年匈牙利获得 500 亿元人民币的人民币合格境外机构投资者配额，打开了中国金融市场的第一个大门。这一配额表示中国国内证券市场在符合人民币合格境外机构投资者规定以及在此框架下已经向匈牙利金融机构开放。这意味着匈牙利金融机构可以申请人民币合格境外机构投资者资格，并按照现行规则和条例将离岸人民币基金投资于境内股票和债券市场。关于该计划详情的更多信息可以在“布达佩斯人民币倡议”主页上的答疑部分（Q&A）获得。

2015 年 11 月，匈牙利央行通过登记中国外汇交易系统而进入中国外汇市场。匈牙利央行与香港金融管理局和澳大利亚储备银行一起成为首批在中国外汇交易中心注册并进入中国境内外汇市场的机构。加入中国境内外汇交易系统是进入境内债券市场的先决条件。通过加入该系统，可以有效改善外汇交易的效率。

启动在中国外汇市场进行直接境内交易是金融市场发展的重要一步。2016 年 12 月，中国外汇交易中心宣布启动该交易，自 2017

年 1 月起，匈牙利福林就成为中国外汇交易中心人民币篮子的一部分。匈牙利福林与人民币直接交易会进一步促进贸易和金融关系，降低货币兑换成本（与使用中间货币进行双边贸易和投资的成本相比）。

（八）清算和结算基础设施

中国和匈牙利央行签署人民币清算的谅解备忘录后，中国人民银行于 2015 年 7 月决定授权匈牙利中国银行担任匈牙利人民币业务清算行。2015 年 10 月举行了匈牙利人民币清算业务启动仪式。

2017 年，中国银行和匈牙利央行签署《人民币清算账户合作协议》谅解备忘录（MNB，2017a），该备忘录涉及两个主要问题。第一，匈牙利央行同意与中国银行就如何以更有效的方式实施人民币结算进行评估；第二，双方同意在加强布达佩斯作为中东欧地区人民币清算枢纽方面进行合作。

（九）银行业

在中国商业银行当中，中国银行是在匈牙利开展业务的银行。中国银行为零售和企业客户提供产品，除中国银行外，在匈牙利的其他商业银行也开始开发人民币业务，主要以企业客户为主。

在匈牙利离岸人民币市场发展方面，近几年来提供人民币服务的银行数量有所增加。银行提供人民币账户管理服务和人民币服务，满足企业客户的需求，包括即期和远期外汇服务及部分人民币贷款业务。

（十）“布达佩斯人民币倡议”会议

“布达佩斯人民币倡议”大会于 2015 年春举行。2015 年 5 月，

“布达佩斯人民币倡议”网站开始启动。该网站提供有关人民币相关新闻、出版物和“布达佩斯人民币倡议”会议的信息。

大会涵盖了“布达佩斯人民币倡议”的所有主要议题：金融市场、实体经济和清算与结算问题（MNB，2015c）。除了中国和匈牙利方面的高层代表外，金融领域的代表［匈牙利央行、中国银行、匈牙利储蓄银行（OTP）和中国工商银行的经理］、匈牙利政府债务管理局（GDMA）、实体经济代表（中华人民共和国商务部、匈牙利投资促进署和万华集团）举办了专题报告，探讨了未来的发展领域。匈牙利政府债务管理局首席执行官宣布，匈牙利正在考虑发行点心债券。匈牙利的人民币点心债券于次年发行。

2016 年“布达佩斯人民币倡议”会议的目的是促进人们进一步了解中匈金融合作和金融市场的机遇和挑战（MNB，2016b）。此次会议由匈牙利央行副行长和中国驻匈大使主持，中国人民银行代表处、匈牙利央行和匈牙利外交与对外经济部的高层代表作了发言。会议有一个议题是人民币金融市场和数字银行，另一个议题是关于离岸和境内市场的投资机会。来自匈牙利和中国的商业银行、匈牙利进出口银行和匈牙利政府债务管理局的代表同与会者分享了他们的观点。匈牙利政府债务管理局的首席执行官宣布，他们正在研究发行熊猫债券的可能性。次年，匈牙利发行了人民币熊猫债券。

2017 年，第三届“布达佩斯人民币倡议”会议在布达佩斯举行（MNB，2017b）。会议以宏观经济和外交为视角，包括新“丝绸之路”和“16 + 1”合作。随后的议题是实体经济和贸易金融，华为公司、匈牙利进出口银行、中国银行和中国外汇交易中心的代表做了报告。另一个主题是金融市场，中国社会科学院的陈新做了关于人民币国际化的公开讲座。随后，发言者重点介绍了在国家融资、基金管理和证券交易领域的金融发展状况。

（十一）相关会议和出版物

除了匈牙利央行和“布达佩斯人民币倡议”的网站发布了“布达佩斯人民币倡议”会议和有关中国经济、金融事务的论文之外，我们还将重点介绍其他一些会议和出版物。

2017 年的拉姆法鲁西系列讲座中有一个专题的主讲人是中国银行行长。2016 年 10 月，布达佩斯证券交易所、中国银行和匈牙利央行联合举办了一次会议，主题是与人民币合格境外投资者配额相关的在中国金融市场进行投资的机会。由于中国不断增强的作用以及关于中国的研究论文的需求越来越多，匈牙利央行杂志《金融与经济评论》于 2017 年 1 月出版了中国特刊。

表 1　**匈牙利央行人民币国际化大事记**

时间	事件
2013 年 9 月	中国人民银行与匈牙利央行签署货币互换协议
2015 年 2 月	匈牙利央行人民币项目
2015 年 3 月	“布达佩斯人民币倡议”全体会议
2015 年 4 月	匈牙利央行宣布投资人民币的意愿
2015 年 5 月	“布达佩斯人民币倡议”网站 www. rmbbudapest. hu 启动；匈牙利央行投资部分外汇储备用于人民币
2015 年 6 月	在巴塞尔签署代理协议；在巴塞尔签署谅解备忘录；给予匈牙利 500 亿元人民币 RQFII 配额
2015 年 7 月	中国银行被授权为在匈牙利的清算行
2015 年 10 月	中国银行启动人民币清算服务
2016 年 1 月	匈牙利央行、布达佩斯证券交易所代表团访华；第一届中匈金融论坛在上海召开
2016 年 3 月	中国银监会和匈牙利央行签署谅解备忘录
2016 年 5 月	“布达佩斯人民币倡议”2016 年会议
2016 年 9 月	续签中国人民银行和匈牙利央行的货币互换协议

续表

时间	事件
2016 年 10 月	布达佩斯证券交易所、中国银行和匈牙利央行举办 RQFII 专题会议
2016 年 12 月	在中国外汇交易中心启动人民币和福林直接交易
2017 年 1 月	将匈牙利福林纳入中国外汇交易中心人民币篮子
2017 年 4 月	“布达佩斯人民币倡议”2017 年会议
2017 年 5 月	匈牙利央行行长访问北京和上海

四　结论

本文详细介绍了匈牙利央行的人民币项目和“布达佩斯人民币倡议”的目标和取得的成果（见表 1）。这些项目有利于促进中匈两国的经贸、投资和金融合作。匈牙利央行在这些项目中发挥了主导作用，为人民币清算和结算基础设施的发展做出了贡献，促进了学术合作，通过外汇储备资产进入中国金融市场，并为中国和匈牙利实体经济和金融市场带来了机遇。匈牙利中央银行为人民币国际化做出了贡献，上述项目的目标也与“一带一路”倡议的金融合作支柱是相同的。

（李丹琳翻译，陈新审校）

参考文献

1. MNB（2015a），*Magyar Nemzeti Bank decided to build a bond portfolio denominiated in Chinese Renminbi*，Press Release 2015，http：//www. mnb. hu/en/pressroom/press-releases/press-releases-2015/magyar-nemzeti-bank-decided-to-build-a-bond-portfolio-denominiated-in-chinese-renminbi.

2. MNB（2015b），*MNB signed the Memorandum of Understanding on RMB clearing arrangements and the Agency Agreement with People's Bank of China in Basel*，Press Re-

lease 2015, http://www.mnb.hu/en/pressroom/press-releases/press-releases-2015/mnb-signed-the-memorandum-of-understanding-on-rmb-clearing-arrangements-and-the-agency-agreement-with-people-s-bank-of-china-in-basel.

3. MNB (2015c), *Budapest Renminbi Initiative plenary meeting* 2015, Budapest RMB Initiative, http://www.rmbbudapest.hu/conferences/budapest-renminbi-initiative-plenary-meeting-2015.

4. MNB (2016a), *The bilateral currency swap line agreement between the People's Bank of China and the Central Bank of Hungary has been renewed*, Press Release 2016, http://www.mnb.hu/en/pressroom/press-releases/press-releases-2016/the-bilateral-currency-swap-line-agreement-between-the-people-s-bank-of-china-and-the-central-bank-of-hungary-has-been-renewed.

5. MNB (2016b), *Budapest Renminbi Initiative* 2016, http://www.rmbbudapest.hu/conferences/budapest-renminbi-initiative-2016.

6. MNB (2017a), *Magyar Nemzeti Bank and Bank of China sign master agreement in respect of interbank market agency business and memorandum of understanding on renminbi clearing account service*, Press Release 2017, https://www.mnb.hu/en/pressroom/press-releases/press-releases-2017/magyar-nemzeti-bank-and-bank-of-china-sign-master-agreement-in-respect-of-interbank-market-agency-business-and-memorandum-of-understanding-on-renminbi-clearing-account-service.

7. MNB (2017b), *Budapest Renminbi Initiative* 2017, http://www.rmbbudapest.hu/conferences/budapest-renminbi-initatiative-2017.

人民币国际化在欧发展情况分析

刘明礼*

人民币的国际地位与中国作为世界第二大经济体的规模并不相称，人民币国际化是中国经济发展的客观需要，也是中国明确的对外战略目标。欧洲作为发达经济体和现代金融的发源地，拥有欧元、英镑等国际货币，不但没有对人民币采取冷漠或排斥态度，相反却给予了积极支持，甚至成为人民币国际化的“突破口”（熊园，2014）。本文在归纳人民币国际化在欧洲取得主要进展的基础上，分析欧洲支持人民币国际化的原因所在，以及未来在英国“脱欧”引发欧洲金融格局版图变化的情况下，人民币国际化在欧洲的发展方向。

一

近年来，人民币国际化得到了欧洲的大力支持，欧洲央行、欧洲各国政府、欧盟机构等都十分积极。中欧金融合作也被认为是人民币国际化取得快速进展的原因之一。①

---

* 刘明礼，中国现代国际关系研究院欧洲所副所长、副研究员，主要研究欧洲经济、欧洲一体化、欧洲对外经济关系、国际经济关系等问题。

① 《人民币国际化报告：指数 5 年增长逾 10 倍》，人民网，http：//money. people. com. cn/bank/n1/2016/0725/c202331 – 28580575. html。

其一，签署大额货币互换协议。在资本项目尚不能完全自由兑换的情况下，货币互换成为人民币国际化的一个重要手段。截至2017年7月底，中国人民银行与36个国家和地区的货币当局签署了双边货币互换协议，总额度为33437亿元人民币，如果除去失效未续签部分，则为30510亿元（中国人民银行，2017）。其中，中国人民银行与欧洲的两大央行，也就是英国央行和欧洲央行，签署货币互换协议的时间早、金额大。2013年6月22日，中英两国央行签署了2000亿元人民币货币互换协议，2015年10月，双方续签并将金额扩大至3500亿元人民币/350亿英镑。2013年10月8日，中国人民银行与欧洲央行签署3500亿元人民币/450亿欧元的货币互换协议，2016年9月27日续签了这一协议，金额保持不变。中国人民银行与欧洲两大央行分别3500亿元的货币互换规模仅低于与香港金融管理局和韩国央行续签的4000亿元和3600亿元，其7000亿元的总规模达到了现存货币互换总量的22.9%。除了这两大央行外，2014年7月21日，中国人民银行与瑞士央行签署了1500亿元人民币/210亿瑞士法郎的货币互换协议，并于2017年7月21日续签。2013年9月9日，中国人民银行与匈牙利央行签署了100亿元人民币/3750亿匈牙利福林的互换协议，2016年9月12日实现了续签。此外，2017年上半年，欧洲央行还完成了5亿元人民币的外汇储备投资，尽管这只是欧洲央行680亿欧元外汇储备的一小部分，但作为全球第二大央行，这一举动具有很强的象征意义。

其二，为人民币在欧交易提供便利支持。2014年以来，中资银行已经在伦敦、法兰克福、巴黎和卢森堡获得了人民币清算业务资格，这有利于欧洲企业和金融机构使用人民币进行跨境交易。从表1中可以看出，截至2016年12月，中资银行在23个国家和地区取得了人民币业务清算资格，其中欧洲占6个，比例达到26%。而且，2014 年之前，中资银行在境外取得的人民币业务清算资格都是在中国大陆周边地区，而在欧洲取得清算业务资格后，向其他国家和地区扩展的速度明显加快。这在一定程度上可以显示出，人民币业务在现代金融发源地欧洲取得进展，对于其他地区有一定的象征意义和示范效应。同时，欧洲还拥有欧元和英镑两大国际货币，而这两大货币也并没有把正在国际化的人民币拒之门外。2014 年 6 月和 9 月，人民币与英镑、欧元分别实现了直接交易，不必通过美元折算，这很大程度上降低了交易成本。2015 年 10 月 29 日，上海证券交易所、德意志交易所集团、中国金融期货交易所还共同成立了“中欧国际交易所”（简称“中欧所”），总部设在法兰克福，其定位是在欧洲打造离岸人民币资产的交易和定价中心，为国际投资者提供人民币投资产品，首批现货产品已于 2015 年 11 月 18 日挂牌交易。人民币已经成为全球第四大结算货币，但在投资货币方面与其他主要国际货币仍有不小差距，因此中欧所向欧洲市场推广人民币投资产品，显得至关重要和意义重大。德意志交易所集团首席执行官贾伟德表示：“中欧所推动人民币国际化迈出关键一步。”（德意志交易所，2015）

表 1　**境外人民币清算行安排**

时间	国家/地区	清算行
2003 年 12 月	中国香港	中国银行（香港）有限公司
2004 年 12 月	中国澳门	中国银行澳门分行
2012 年 12 月	中国台湾	中国银行台北分行
2013 年 2 月	新加坡	中国工商银行新加坡分行
2014 年 6 月	英国	中国建设银行（伦敦）有限公司
2014 年 6 月	德国	中国银行法兰克福分行
2014 年 7 月	韩国	交通银行首尔分行

续表

时间	国家/地区	清算行
2014 年 9 月	卢森堡	中国工商银行卢森堡分行
2014 年 9 月	法国	中国银行巴黎分行
2014 年 11 月	加拿大	中国工商银行（加拿大）有限公司
2014 年 11 月	澳大利亚	中国银行悉尼分行
2014 年 11 月	卡塔尔	中国工商银行多哈分行
2015 年 1 月	马来西亚	中国银行（马来西亚）有限公司
2015 年 1 月	泰国	中国工商银行（泰国）有限公司
2015 年 5 月	智利	中国建设银行智利分行
2015 年 6 月	匈牙利	中国银行匈牙利分行
2015 年 7 月	南非	中国银行约翰内斯堡分行
2015 年 7 月	阿根廷	中国工商银行（阿根廷）股份有限公司
2015 年 9 月	赞比亚	赞比亚中国银行
2015 年 11 月	瑞士	中国建设银行苏黎世分行
2016 年 9 月	美国	中国银行纽约分行
2016 年 9 月	俄罗斯	中国工商银行（莫斯科）股份公司
2016 年 12 月	阿联酋	中国农业银行迪拜分行

资料来源：中国人民银行：《人民币国际化报告（2017 年）》，2017 年 10 月。

其三，官方机构支持发行人民币债券。这是欧洲国家政府及公共机构支持人民币国际化的直接举措。2014 年英国政府成首个发行人民币债券的外国政府，并将发债所得的 30 亿元人民币列入“外汇平衡账户”，此前该账户只有美元、欧元和加拿大元，此举也被视为英国认可人民币为国际货币。2015 年 2 月，法国社会保障债务管理基金（CADES）在巴黎泛欧证券交易所（Euronext N. V.）发行了 30 亿元人民币债券，成为首个在欧元区发行人民币债券的公共机构。除直接发行人民币债券外，欧洲还支持中国官方机构在欧发人民币债。2015 年 10 月中国人民银行在伦敦发行 50

亿元人民币央行票据，2016年5月中国财政部在伦敦发行30亿元人民币国债，两次均为首次在境外发行。

其四，在国际机构中支持人民币。一个货币的国际化还需要国际金融机构的支持，比如美元霸权的形成，很大程度上得益于战后美国对世界银行、国际货币基金组织（IMF）的影响力。人民币国际化要发展，也需要有国际金融机构作为依托。2015年11月，人民币成功加入国际货币基金组织（IMF）特别提款权（SDR）货币篮子，这被视为人民币国际化的一个重要里程碑。在人民币申请“入篮”的过程中，美国出于维系美元霸权的考虑，态度并不积极，相比之下，欧洲国家普遍支持。在世界银行方面，由于改革难以推进，中国主导成立了更适合本地区发展的亚洲基础设施投资银行（简称“亚投行”），这也有利于未来增加人民币在国际借贷中的使用。在亚洲基础设施投资银行筹建过程中，欧洲国家也积极支持，英国、法国、德国等主要大国都作为创始国加入。此外，在欧洲国家支持下，欧洲复兴开发银行2015年12月还决定吸纳中国为股东，并表示希望加强与亚投行的合作。

在欧洲的积极支持下，人民币国际化在欧洲进展十分迅速。环球银行金融电信协会（SWIFT）数据显示，2017年8月，欧洲有399家金融机构与中国进行支付业务时使用人民币（比2016年同期上升5%），仅次于亚太地区（678），远领先于北美（107）和中东非洲地区（102）。英国人民币交易量占全球离岸交易比例为5.19%，是除中国香港外最大的人民币离岸交易中心，法国、卢森堡、德国也居靠前位置（参见图1）（SWIFT，2017）。

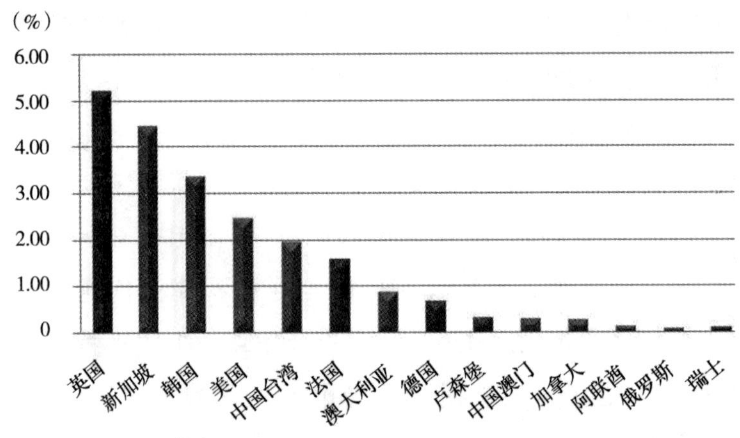

图 1　全球主要人民币离岸交易地点

资料来源：SWIFT 2017 年 8 月数据（不包括中国香港）。

二

欧洲积极支持人民币国际化战略，主要有以下原因。

第一，中欧经贸体量庞大，人民币在欧有潜在使用需求。自 2004 年以来，欧盟一直是中国的第一大贸易伙伴，中国则是欧盟第二大贸易伙伴。根据欧盟委员会的统计数据，2016 年中欧货物贸易量达 5147 亿欧元，其中欧盟出口 1701 亿欧元，进口 3446 亿欧元（欧盟委员会，2017a）。从图 2 中可以看出，进入 21 世纪以来，中欧贸易对欧盟的重要性不断上升，双边商品贸易占欧盟总量的比重，从 2002 年的 7%，已经上升到 2016 年的 14.9%。相比之下，欧盟与第一大贸易伙伴美国贸易的比重总体呈下滑趋势，从 2002 年的 24% 一度跌至 2010—2013 年的 15% 以下，2014 年后有所回升，但 2016 年的数据（17.6%）与高峰值相距甚远。欧盟与俄罗斯贸易的比重因为乌克兰危机发生后的相互经济制裁，比重近年急剧下滑，2015 年欧俄贸易量一度锐减 27%（欧盟委员会，2017b），俄罗斯失去欧盟的第三大贸易伙伴地位，让位给瑞士。而欧盟与瑞士的贸易比重近十几年发展平稳，没有大的变化，不及与中国贸易量的一半。从这些数据可以看出，在欧盟的主要贸易伙伴中，中国地位呈现明显的上升趋势，更多地使用人民币有利于与中国进行贸易时减少汇率波动风险，降低交易成本。

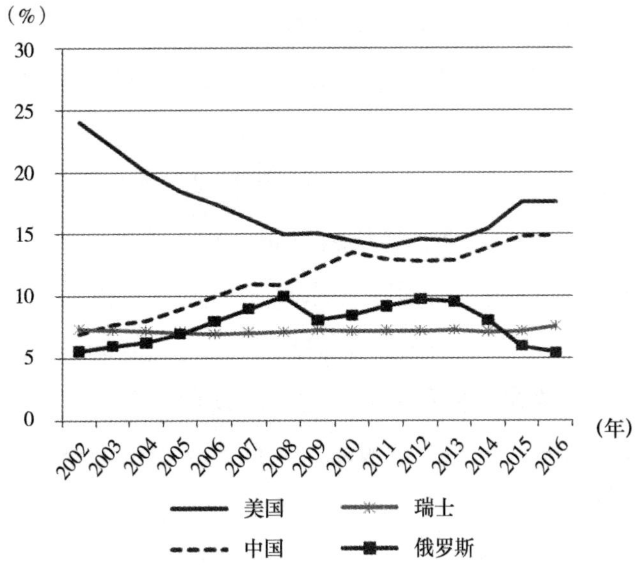

图 2　主要贸易伙伴占欧盟贸易总量比重（2002—2016）

资料来源：欧盟统计局 2016 年数据。

除中欧愈加紧密的贸易联系外，中国对欧投资近年表现出的强劲势头，也刺激了人民币交易在欧洲更趋活跃。在以往的全球经济格局中，发达国家传统上是对外投资的主体，发展中国家往往是对外投资的接受者，这一点也适用于过去的中欧之间。但欧债危机以来，中国对欧盟直接投资出现了“跳跃式”增长（赵柯，2014）。研究公司荣鼎咨询（Rhodium Group）和德国智库墨卡托中国研究中心（Mercator Institute for China Studies）研究数据显示，2016 年中国对欧盟直接投资激增 76%，至 351 亿欧元（约合 2569 亿元人民币）。中国在德并购额从 2015 年的 12 亿欧元激增至 110 亿欧元（约合 805 亿元人民币），占中国对欧盟投资的首位。中国企业大规模投资海外，必然考虑资产计价、贸易结算以及融资等问题，使用人民币无疑意味着更方便、更安全，这就促进了人民币在欧洲的发展。从中国在欧洲的投资数据也可以看出，中国投资的目的地与人民币交易较为活跃的国家，如英国、法国、德国等，基本吻合。

第二，欧洲经济持续疲软，欲搭“中国快车”摆脱困境。自 2009 年债务危机爆发以来，经济增长是一直困扰欧洲的棘手难题。欧元区成为唯一两度陷入衰退的主要经济体，失业率也一直保持在高水平（当前欧元区平均失业率仍超过 9%）（Euro Stat，2015）。欧洲经济困境主要在于福利体制僵化、研发创新缓慢、经济与货币联盟制度缺陷等自身难题。欧盟对这些问题认识得十分清楚，但解决起来却困难重重，进展十分缓慢，经济也就难有起色。在从内部难以找到解决经济难题的办法的情况下，借助外部力量显得尤为重要，中国作为世界第二大经济体，自然也成为其倚重的目标。2016 年 6 月，欧盟委员会发表了新对华政策文件《欧盟对华新战略要素》，这一文件反映出欧洲在看待对华关系上的基本共识。该文件开篇即明确指出，欧盟发展对华关系应致力于就业、增长和投资，以巩固欧盟的国际地位（欧盟委员会，2016）。在欧洲愈加重视通过发展对华关系带动经济的背景下，就人民币国际化进行合作是明智选择。其一，开展人民币业务可带来收益。中国经济实力提升和中欧经贸关系发展，客观上提供了欧洲市场对人民币的需求。在欧洲的金融中心开展人民币业务，不仅可以给经济活动提供货币支持，同时可从金融交易中获取利润，创造更多就业机会。事实上，伦敦、卢森堡、法兰克福、巴黎等欧洲金融中心，在人民币业务上一定程度形成竞争关系。其二，可以借人民币国际化争取更多的合作机遇。欧洲清楚人民币国际化对中国的战略意义，在这一问题上提供支持和进行合作，可有力拉近中欧关系，进而争取更多的商业机会。人民币国际化在欧洲的对华合作中，也处于十分重要的位置，相关合作协议的签署很多都是在领导人互访期间，营造了融洽的双边合作氛围的成果，如中国财政部在伦敦发行国债，是2015年习近平主席访问英国期间两国达成的共识，成为开启中英“黄金时代”的一部分。

第三，有利于借人民币制衡“美元霸权”，降低外部经济风险。美元及其国际主导地位，对欧洲来讲是不小的挑战。欧元自诞生之日起就被视为美元的竞争对手，美国也一直在关注欧元的发展及其对美元的影响。欧元区开始运转后，虽然有“天生缺陷”，但却处于完善和修复过程之中，南欧等“外围国家”的增长速度快于“核心国家”，各国经济向趋同的方向发展。但2008年美国华尔街金融危机后，这种趋同的趋势被扭转，南欧国家经济快速下滑，债务比例迅速攀升，欧元区经济走向失衡，甚至一度面临解体风险。引发这一风险的导火索，正是美国和美元。鉴于美欧紧密的经济和金融联系，华尔街金融危机对欧洲的冲击本身就大。但更为重要的是，美国为维系美元国际地位，向欧元这一竞争对手转移风险（刘明礼，2016）。2011年，时任法国总统萨科齐公开表示，“正是由于对美元的依赖，才让危机的影响更加严重”。欧洲支持人民币国际化虽然不直接针对美元，但一定程度上可对“美元霸权”形成制衡，降低美国再次向欧洲转移经济风险的概率。其一，鉴于美元的全球使用情况，人民币国际地位提升将侵蚀美元的份额，长期来看将对美元地位构成潜在威胁，美国使用货币权力难再“无所顾忌”，甚至可能敦促美改善财务和债务状况，进而降低向外转移风险的必要性。其二，欧洲“大张旗鼓”支持人民币国际化，一定程度也是向美国发出信号，显示欧洲在货币问题上不再“忍气吞声”，警示美国自律。法国国际问题专家弗朗索瓦·戈德芒认为，美国将自身经济安全置于首要位置，不顾盟国利益，欧洲只能更多使用欧元和人民币（François Godement，2014）。

从英国方面来看，英美之间力求保持“特殊关系”，但在货币问题上却充满“恩怨情仇”。第二次世界大战后，美国正是通过肢解“英镑体系”才建立起“美元霸权”。在1956年的苏伊士运河危机中，美国更是在金融市场上大量抛售英镑，导致英国外汇储备几近枯竭，不得不按照美国的意愿撤军（乔纳森·科什纳，2013）。当前的英镑虽然已无力和美元竞争，但英国也无意帮助扶持美元的国际地位，而是更为看重中国崛起和人民币国际化过程中的商业机遇，这一点在英国率先申请加入亚投行一事上已经表现得非常明显。

三

从以上各项因素来看，欧洲支持人民币国际化的动力将会继续存在，中欧货币合作仍然前景可期，但也有问题值得探讨。一方面，人民币国际化在欧洲仍然存在一些问题，中国还需要对这些问题加以关注、认真分析并力求改善，以保持发展的可持续性；另一方面，在人民币国际化在欧洲快速推进的时候，英国公投意外“脱欧”，中国还需要研判这一历史性事件对欧洲金融格局以及人民币国际化进程的影响，并相应调整策略。

从人民币国际化在欧洲面临的难题来看，中国可以更多地考虑由“官方强推”转向“市场培育”。当前国际货币体系为牙买加体系，一个货币的国际地位最终由市场决定。从目前的情况看，中欧合作为人民币国际化在欧洲发展搭建了良好的平台，但市场主体对持有和使用人民币仍有疑虑。第一，欧洲投资者不熟悉人民币产品。欧洲资本市场多为机构投资者，习惯将较为熟悉的公司作为投资对象。而中国公司距离较远，了解其情况渠道相对有限，加之欧洲媒体不时有中国公司产品质量缺陷、财务造假等负面报道，人民币产品要赢得欧洲投资者青睐并不容易。第二，欧洲市场不适应中方决策方式。投资者持有人民币计价资产，势必关注中国相关政策变化。欧洲投资者已适应政策制定者提前释放信号，与市场互动沟通的决策方式，而中国的“内部决策”在欧洲较难被理解，往往让投资者准备不足，进而对人民币“望而却步”。国际货币基金组织总裁、法国前财长拉加德曾公开呼吁“中国政府要更好地和市场沟通”。第三，担忧中国经济和金融波动。作为欧盟第二大贸易伙伴，中国经济的“一举一动”在欧洲都备受关注，甚至被放大。2015 年以来，中国经济减速、资本市场波动在欧被解读成世界经济下滑、大宗商品价格下跌的主要原因，对人民币形象构成了负面影响。当前，欧投资者对中国人口老龄化、地方政府和企业债务杠杆高、人民币贬值预期、商业银行不良贷款增加等仍有顾虑，这制约了持有人民币及相关产品的积极性。欧盟新发表的《欧盟对华新战略要素》认为，中国向可持续发展模式转型的过程十分复杂，可能在国内外产生多次震荡，欧盟必须想办法应对中国“结构性经济下滑”（欧盟委员会，2016）。第四，资本项目不可自由兑换。这是困扰人民币国际化的主要难题，亦是在欧洲面临的严峻挑战。目前人民币离岸市场虽可自由兑换，但资金池仍小、产品较少、流动性不足，离岸市场和在岸市场又处于分割状态，这给欧洲投资者管理资产带来不便。加之当前美元强势势头渐起，以及美欧资金往来的便利，人民币资产吸引国际投资者难度加大。

这些问题，并非欧洲政府层面能够解决的。首先，欧洲是发展成熟的市场经济，有其自身运作规律和模式，人民币在欧洲发展，还需要适应其市场环境。比如，中国还需要加强保持宏观经济的稳定性，发展更为公开、公平、公正的资本市场，有序推进资本项目对外开放，提高经济决策的可预期性等。从这些问题可以看出，对外经济合作可以起到促进作用，但人民币国际化发展前景的根本仍在国内，切不可因为在欧洲取得“成功”而忽略了内部建设这一根本。从美元、欧元的发展历程也可看出，不论是成功还是危机，决定性因素都来自内部。

其次，从欧洲局势的角度看，英国“脱欧”导致欧洲金融格局版图变迁，人民币国际化在欧布局需要更多考虑“双管齐下”。英国不仅是人民币第二大离岸中心，更是人民币在欧洲布局的中心，其交易量远远超过其他欧洲国家，这与英国在欧洲金融格局中的“核心地位”有直接关系。但 2016 年 6 月 23 日英国公投“脱欧”后，其金融地位将会受到影响：其一，稳定的宏观经济环境被破坏。英国与欧盟的“分家”谈判预计将持续数年，结果充满不确定性；分离势力在英国的苏格兰、北爱尔兰一直存在，这两个地区也多数支持留欧，“脱欧”结果给了他们从英国分离出去的新理由，国家统一受到威胁（冯仲平，2016）。其二，英国可能“痛失”欧盟统一大市场。英国自身的优势以及可以自由进入欧盟大市场的便利，铸就了英国的金融中心地位，许多世界大型金融机构都选择在英国与欧洲国家进行交易（EUROPLACE，2015）。欧盟85%的对冲基金资产、70%的离岸衍生品交易、51%的海上保险都在伦敦（CER，2014）。整个欧洲与美国、亚太的资金流动，50%以上是通过伦敦的金融机构进行的（EUROPLACE，2015）。英国在“脱欧”谈判中预计将力争继续自由进入欧盟大市场的权力，但很难达到目的。根据欧盟2014年颁布的金融工具市场指令（MiFID Ⅱ），“第三方国家”金融机构要在欧盟经营，须欧委会认定该国法律和监管框架与欧盟“等同”。这意味着，英国银行要在欧洲大陆经营，必须遵守欧盟愈加严格的金融监管规定，这对一向主张放松监管的英国来说很难接受（CER，2014）。其三，英国将面临来自欧洲大陆的竞争。欧债危机后，欧元区认识到机制缺陷，加紧金融一体化步伐，如筹建银行业联盟、资本市场联盟等，长期看金融实力将提升，这对英国来讲是严峻挑战（Charles Grant，2015）。2016年6月24日公投结果公布后，7月初法国即出台多项措施，如延长外国企业免税期限、为外国员工提供更多生活便利等，极力争取可能从英国转移出来的金融业务。巴黎大区议会主席瓦莱丽·佩克雷斯直言，“我们希望将巴黎建成欧洲顶级金融中心”。2017年5月马克龙当选总统后，积极推动国内改革，目的之一就是助力巴黎与英国争夺国际金融中心地位。

英国“脱欧”在一定程度上冲击了人民币国际化在欧洲的发展路径，人民国际化“借伦敦走向世界”的效果恐不如从前。但总体而言，带来更多的是机遇。如果中国能够顺势同时强化与英国和欧元区的货币合作，人民币国际化在欧洲可能迎来新的发展局面。先从英国的角度看，“脱欧”并不会给伦敦的金融中心带来“毁灭性”打击。作为国际金融中心，伦敦有很多自身优势，如基础设施完善、专业人才聚集、语言通用、政策透明等（CER，

2014），这些都不会因“脱欧”而丧失。而且“脱欧”后，英国金融监管将摆脱欧盟的束缚，政策上可能更具灵活性。在可预见的未来，伦敦的金融中心地位受到根本性冲击的可能性较小。英国以金融立国，新政府成立后，如何维系金融中心地位也势必摆在重要位置，这给中英货币合作提供了新的机遇。中国不宜因“脱欧”而轻视英国，相反英国借此机遇加强合作，更多在英国开展人民币业务。再从欧洲大陆角度看，其加强金融实力将是大势所趋。欧元区对于将欧元的交易中心放在伦敦一直不放心，认为难以保障内支付系统的安全。2014 年，欧洲央行曾要求，从事欧元产品交易的清算所地点应设在欧元区，由于英国告状到欧洲法院并胜诉，才未能执行。英“退欧”后“不在船上”，将无力阻止日后欧洲央行的类似决定，相关业务向巴黎和法兰克福转移难以避免（CER，2014）。目前来看，欧元区内部的金融中心建设规划尚不清晰，巴黎、法兰克福、卢森堡、都柏林等各具优势，未来是“一枝独秀”还是“多点开花”尚不清楚。无论如何，欧元区不管从客观形势还是从主观意愿上看，都将强化金融实力建设，也将期待与外部合作。中国可以考虑根据各个具有发展潜力的金融中心的特点，各有侧重地开展人民币业务，如法兰克福结算业务、巴黎的非洲业务、卢森堡的投资业务，把握住历史机遇。

结　　语

人民币国际化对中国的战略意义不言而喻，从欧洲的角度看，与中国货币合作也有助于摆脱经济困境、缓解外部风险等重大收益。可以说，货币因素正在冲破传统国际关系分析的地缘政治框架，让远隔万里的中欧双方战略利益更加紧密地交织在一起，这有助于化解“中欧关系战略性不足”的疑虑。展望未来，随着人民币国际地位和影响力的提升，中欧货币合作的战略意义可能有增无减，对这方面的研究也值得进一步深入。

参考文献

1. CER（2014），*The economic consequences of leaving the EU*, Center for European Reform, April 2016, http://www. cer. org. uk/sites/default/files/publications/attachments/pdf/2014/report_ smc_ final_ report_ june2014-9013. pdf.

2. Charles Grant（2015），*Could Eurozone integration damage the single market*, Center for European Reform, September 2015, http://www. cer. org. uk/publications/archive/bulletin-article/2015/could-eurozone-integration-damage-single-market.

3. 德意志交易所（2015）：“Shanghai Stock Exchange, Deutsche Börse and China Financial Futures Exchange jointly establish CEINEX”, http://deutsche-boerse. com/cn/dispatch/en/listcontent/navigation/chinese/News/Content _ Files/2015 1029-Shanghai-Stock-Exchange-Deutsche-Borse-and-China-Financial-Futures-Exchange-jointly-establish-CEINEX. htm? teaser = ShanghaiStockExchange, DeutscheBörseand China Financial FuturesExchangejointlyestablishCEINEX。

4. European Commission（2016），*Joint Communication to The European Parliament and The Council*, *Elements for a new EU strategy on China*, European Commission, Brussels, June 22, 2016.

5. European Commission（2017a），*EU-China: Trade in goods*, http://ec. europa. eu/trade/policy/countries-and-regions/countries/china/.

6. European Commission（2017b），*EU's trade with Russia*, http://ec. europa. eu/trade/policy/countries-and-regions/countries/russia/.

7. EUROPLACE（2015），*Worldwide Currency Usage and Trends*, *Information paper prepared by SWIFT in collaboration with City of London and Paris*, EUROPLACE, December, 2015, https://www. cityoflondon. gov. uk/business/economic-research-and-information/research-publications/Documents/Research-2015/SWIFT_ Currency_ Evolution. pdf.

8. EuroStat（2015），“Euro area unemployment at 9.1%”，http：//ec. europa. eu/eurostat/documents/2995521/8266821/3-02102017-AP-EN. pdf/be6fb31a-cc00-44fa-9944-39b4616ebe81.

9. EuroStat（2016），“EU's top trading partners”，http：//ec. europa. eu/eurostat/documents/2995521/7224419/6-31032016-BP-EN. pdf/b82ea736-1c73-487f-8fb5-4954774bb63a.

10. 冯仲平：《英国脱欧及其对中国的影响》，《现代国际关系》2016 年第 7 期。

11. “China's economic leaders struggle to explain thinking to world”，*Financial Times*，http：//www. ft. com/cms/s/0/71ad991a-c4a9-11e5-808f-8231cd71622e. html#axzz4FgDG4P4p.

12. “ECB gives renminbi its forex seal of approval”，*Financial Times*，June 14，2017，https：//www. ft. com/content/37bae3b8-504c-11e7-bfb8-997009366969.

13. “Chinese investment in EU dwarfs flow the other way”，*Financial Times*，Jan 10，2017. https：//www. ft. com/content/79e3a2b2-d6f7-11e6-944b-e7eb37a6aa8e.

14. FrançoisGodement，“How the US treats its allies：the European banking system under threat”，*European Council on Foreign Relations*，June 10，2014，http：//www. ecfr. eu/article/commentary_ how_ the_ us_ treats_ its_ allies_ the_ european_ banking_ system_ unde272.

15. 刘明礼：《论欧洲的去美元化》，《现代国际关系》2016 年第 1 期。

16. ［美］乔纳森·科什纳：《货币与强制：国际货币权力的政治经济学》，上海世纪出版集团 2013 年版。

17. 《央行与香港金管局续签货币互换协议》，2014 年 11 月 28 日，人民网，http：//finance. people. com. cn/n/2014/1128/c153179-26108688. html。

18. 《法总理：法公共投资机构发行人民币债券意义重大》，2015 年 1 月 30 日，人民网，http：//world. people. com. cn/n/2015/0130/c1002-26482849. html。

19. 《人民币国际化报告：指数 5 年增长逾 10 倍》，2016 年 7 月 25 日，人民网，http：//money. people. com. cn/bank/n1/2016/0725/c202331-28580575. html。

20. “The European Bank for Reconstruction and Development（EBRD）announced

Monday it had approved China's application for membership in the bank", *Sputnik News*, http: //sputniknews. com/business/20151214/1031747206/ebrd-approves-china-bank-membership. html.

21. "RMB Tracker October 2017", *SWIFT*, https: //www. swift. com/our-solutions/compliance-and-shared-services/business-intelligence/renminbi/rmb-tracker/document-centre.

22. "French Leader Outspoken Currency Reform", *Washington Times*, January 10, 2011, http: //www. washingtontimes. com/news/2011/jan/10/in-talks-with-obama-sarkozy-circumspect-on-role-of/.

23. 《中英金融合作迈入"黄金时代"》，2016 年 6 月 13 日，新华网，http: //news. xinhuanet. com/fortune/2016-06/13/c_ 1119035494. htm。

24. 《巴黎欲"挖"伦敦金融中心墙角》，2016 年 7 月 8 日，新华网，http: //news. xinhuanet. com/world/2016-07/08/c_ 129125821. htm。

25. 熊园：《欧洲成了人民币国际化突破口》，《上海证券报》2014 年 9 月 15 日。

26. 赵柯：《中国对欧盟直接投资：特征、动因及趋势》，《国际贸易》2014 年第 6 期。

27. 中国人民银行：《中国人民银行和其他中央银行或货币当局双边本币互换一览表》，中国人民银行官方网站，http: //www. pbc. gov. cn/huobizhengceersi/214481/214511/214541/3353326/2017082115054924438. pdf。

28. 中国人民银行：《2017 年人民币国际化报告》，2017 年 10 月 17 日，中国人民银行，http: //www. pbc. gov. cn/huobizhengceersi/214481/214511/214695/3398597/index. html。

29. 《欧洲国家力挺 人民币离 SDR 货币篮子更近一步》，2015 年 4 月 4 日，中国新闻网，http: //www. chinanews. com/gj/2015/04-04/7185022. shtml。

从中东欧视角看中匈两国的金融合作*

史浩巍**

一 前言

中匈两国的金融合作一般被认为是两国双边合作最成功的领域之一，也具有地区层面的重要性（Chen-Yang，2016）。尽管这个问题很重要，但只有极少数论文考察了双边关系的发展过程（Müller-Kovács，2016），而没有进行深入的区域比较。尤其是中东欧国家和中国之间的关系正在快速推进，部分原因是由16个中东欧国家和中国建立的称为“16 + 1合作”的新跨地区机制。为填补这一空白，本文通过将两国关系分为两部分，即前金融危机和后金融危机时期的方式，全面梳理了匈牙利与中国之间金融合作

---

* 本文是对之前已发表的研究报告的修改和增补版本。Liu Zuokui-Eszterhai Viktor-Tong Wei-Szunomar Ágnes-Novak Tamás（ed.），*Assessing the Comprehensive Strategic Partnership between China and Hungary*：*History*，*Status Quo*，*Prospects and Policy Suggestions*，China Social Sciences Press，2017.

** 史浩巍（Viktor Eszterhai），帕拉斯·雅典娜地缘政治基金会（Pallas Athene Geopolitical Foundation）的资深研究员。

的发展情况，因为2008—2009 年的国际金融危机可以视为中东欧与中国关系的转折点。在第二部分中，本文特别关注了这一关系的主要协调人，即匈牙利中央银行。本文认为一个明确的战略（“人民币项目”与其“人民币倡议”相结合）是实现成果所必需的。最后，本文通过比较匈牙利与其他 15 个中欧和东欧国家的成就，对匈牙利在中东欧地区金融合作中发挥主导作用总体情况的有效性进行了检验。

二　背景：初始阶段

匈牙利和中国早期的金融合作可以追溯到 20 世纪 50 年代的社会主义时期。当时匈牙利以较低（低于 2%）利率的贷款向中国出售工业产品，以便帮助其第二次世界大战和内战后的经济重建（Vámos，2006）。匈牙利的做法并不是独一无二的，但与中东欧国家的行为相一致，而这种行为是基于苏联支持其他社会主义国家的意愿。然而，在 1956 年匈牙利革命之后，为了巩固匈牙利政府的地位，恰恰是中国（除了苏联）给匈牙利提供了贷款（1 亿卢布）（Vámos，2006）。在 20 世纪 60 年代，苏联和中国之间日益紧张的局势终止了早期的低强度合作。20 世纪 70 年代后期，两国关系才开始正常化，特别是在改革开放之后，匈牙利在 1968 年已经引入了一些谨慎的市场经济改革，被称为“新经济机制”，而这已成为值得中国前来考察的一种模式（Vámos，2010）。中国代表团考察了匈牙利金融和银行部门的经验，并建立和加强了一定的人际关系。就金融领域而言，对匈牙利最大的关注是其加入了世界银行和国际货币基金组织等全球性金融机构。然而，中国的角色不仅仅是充当观察员。当匈牙利加入国际货币基金组织的申请获得通过时，由于匈牙利缺乏必要的财政能力（Müller-Kovács, 2017），中国人民银行向匈牙利提供了 8800 万美元（这是成为成员国的一个标准），以作为 3.75 亿美元特别提款权（SDR）的一部分（IMF, 1982）。匈牙利和中国在这一时期的关系与其他中东欧国家相比绝对是独一无二的，因为匈牙利一直遵循最独立的经济改革，而大多数中欧和东欧国家仍然在模仿苏联模式。

三　从 2000 年到 2008—2009 年的金融危机

1989 年匈牙利政治和经济体制的转轨导致了双边关系的严重裂痕：匈牙利和其他中东欧国家一起急于遵循西欧发展模式，其主要特点是急剧的市场改革和实施民主政治体制。这一发展的象征是该国于 2004 年，同其他 9 个国家，其中 7 个来自中东欧地区，共同加入了欧洲联盟。作为转型过程的一部分，匈牙利必须充分融入西方金融体制和全球系统之中。一开始，国际货币基金组织和世界银行在转型阶段发挥了主导作用，而加入欧盟之后，欧洲复兴开发银行（EBRD）、欧洲中央银行（ECB）、欧洲投资银行（EIB）已成为主要参与者。此外，大部分在匈牙利经营的商业银行已成为欧洲银行家族（KCB，ERSTE，Bayerische Landesbank，Raiffeisen Bank，Unicredit Bank）的分支机构（Botos, 2010）。其他中东欧国家融入西方金融机构也遵循了类似的范式，只是速度不同：最快的一组国家是维谢格拉德集团（捷克共和国、匈牙利、波兰和斯洛伐克）和波罗的海国家，随后是巴尔干国家。

20 世纪 90 年代匈牙利外交政治取向的这一转变再次破坏了与中国的双边关系。然而，自 21 世纪初以来，由于中国在全球经济中的重要性日益显著，匈牙利与其他中东欧国家一样，开始越来越关注中国（Kong, 2015）。这一事实的重要标志是时任匈牙利总理麦杰西·彼得在2003年8月对中国的正式访问（FMPRC, 2003）。时任中国国家主席胡锦涛2004年6月对匈牙利的访问表明，这种日益增长的兴趣不是单方面的。两国宣布愿意建立“友好合作伙伴关系”（FMPRC, 2004）。政治关系的改善也直接影响了经济关系，贸易份额开始不断增长，并开展了几项大规模的中国投资，其中包括华为（2005年成立匈牙利代表处）于2009年成立了区域中心，这在匈牙利电信网络的现代化过程中发挥了重要作用（Szunomár, 2013）。不断增长的贸易和投资活动——与那些在匈牙利的中国公司相辅相成，促进了中国商业银行部门在匈牙利的设立。中国银行（BOC）决定于2003年在匈牙利设立一个区域中心，一部分原因是中国的投资资金流量不断增加，另一部分原因是中国政策的支持。中国银行进入匈牙利市场向匈牙利政治精英发出了一个重要信息：匈牙利可以在中国区域性金融活动中扮演重要角色，因为这家中国银行是当时在中东欧运营的唯一一家中国商业银行。尽管中东欧对中国越来越感兴趣，但在金融合作方面只是小步前进，而匈牙利无疑已成为该地区的领先国家。然而，这一时期匈牙利方面没有明确的计划或战略思想，这种关系的发展是自发的和随性的。

四　后2008—2009金融危机时期

由于中东欧深度融入了欧盟，2007—2008年的金融危机给这一地区带来了沉重的打击：经济关系不对称的依赖程度，导致了贸易大幅下降，GDP大幅下降。由于匈牙利之前的几次内部经济失衡，如高财政赤字和高公共债务比率，所以这一危机对匈牙利的影响尤其严重。匈牙利经济严重的债务依赖程度和高度自由化的金融体系不能够应对危机所带来的冲击，因此在2008年只能求救于欧盟和国际货币基金组织，接受250亿美元救助资金用以稳定金融部门（IMF，2008）。2010年欧尔班政府当选，将目标设定在降低本国经济和金融对西方金融机构的依赖上。出于这个原因，匈牙利提前于2013年偿还国际货币基金组织贷款（Byrne，2015）。与此同时，中国已成为匈牙利金融关系多元化的可能选项。2011年6月时任中国国务院总理温家宝宣布中国准备购买匈牙利国债（Li-Fu，2011）。不过，匈牙利政府最终在没有中国金融机构参与的情况下成功应对了危机。

2011年匈牙利政府推出了新的对外政策战略，即所谓的“向东开放”，旨在通过有效的外交支持加强匈牙利同亚洲市场（首先是中国）和俄罗斯的贸易，以减少对欧盟的强烈依赖（Szesztay，2013；Dániel，2015）。该战略还包括加强金融服务合作。不过虽然存在这个宏伟的愿景，但只采取了很少的步骤，主要是由于匈牙利中央银行和政府（Central Banking，2012）的领导层之间的紧张局势。2013年3月，匈牙利前经济部长捷尔吉·毛托尔奇（György Matolcsy）被选为央行新任行长，公开表示该银行的首要任务是支持匈牙利政府的工作，包括向东开放的外交政策战略（Central Banking，2013）。

新的导向很快就收到了成效，2013年9月，为支持双边贸易和投资合作，中国人民银行和匈牙利央行在总部位于巴塞尔的国际清算银行签署了一份名义金额为100亿元人民币的双边本币互换协议，以减轻流动性干扰并促进外贸（Palotai，2013）。那时，与全球金融中的一些重要参与者相比，该资产的价值很低［例如：香港4000亿元人民币，韩国人民币3600亿元人民币，新加坡

1500亿元人民币（Erhart，2015a）]。不过，这依然是重要的一步，因为匈牙利中央银行成为中东欧地区首家，同时也是为数不多的签署与中国货币互换协议的欧洲央行。该协议加强了匈牙利中央银行进一步合作的动力：一项复杂的战略，即所谓“人民币项目”，以开创双边金融关系的新时期。

五 新时期的象征：匈牙利中央银行的“人民币项目”和“布达佩斯人民币倡议”

2015年2月，匈牙利中央银行宣布推出“匈牙利中央银行人民币项目”——一项相当复杂的战略用以支持金融合作，这也是匈牙利与中国双边关系的一个关键要素（MNB，2015a）。该方案的基础是基于承认下列国际环境：

- 鉴于中国日益增长的重要性（如贸易、投资、在跨国金融机构中的作用），人民币国际化是中国经济政策的一个高度优先目标，这也是全球经济的长期趋势。
- 人民币在国际结算方面稳步增长，并且当国际货币基金组织在其特别提款权（SDR）货币篮子中增加中国人民币时，引起了激烈争论（Erhart，2014）。
- 人民币国际化获得若干全球和欧盟内的中央银行的支持，他们的全球人民币业务的重要性在日益增加（Erhart，2015a）。
- 中国资本账户和汇率制度的自由化以及中国外储结构的转变（例如减少占中国外汇储备约60%以美元计价的资产）可以为欧盟国家提供融资机会。
- 中国的外来直接投资呈稳步增长趋势，可能成为匈牙利与“一带一路”倡议联系的重要因素（Erhart，2015b）。

除了前面提到的支持匈牙利政府的目标之外，匈牙利中央银行的目的是：①扩大匈牙利的融资来源；②使匈牙利在中东欧地区成为中国金融领域的主要合作伙伴；③使匈牙利成为欧盟内部连接世界两大经济中心桥梁的重要角色；④并最终通过支持投资机会来为匈牙利带来跨境市场的活动和收入。为了实现这些目标，“人民币项目”由以下五大支柱组成：

- 匈牙利中央银行设立人民币外汇储备资产；
- 匈牙利中央银行设立人民币流动性工具来应对市场动荡；
- 发展人民币结算的基础设施（清算）；
- 与使用人民币和中国商业银行的跨境业务有关的金融稳定和监管事项；
- 对国内外研究和学术合作的支持（MNB，2015a）

这些行动是根据欧洲中央银行体系其他成员采取的行动来界定的，因此，匈牙利中央银行不必发明任何新机制，而是从其他国家以前采取的措施中选择特定的组合（MNB，2017a）。匈牙利央行成立了若干工作组（金融市场工作组、实体经济工作组、结算工作组）以从这一层面来保障目标的积极落实。

“人民币项目”得到了“布达佩斯人民币倡议”的补充，这是一个包括了金融领域其他重要参与者的新平台，以“创建货币市场、外汇和资本市场的基础设施，发展结算系统并通过与金融、企业和政府部门中的人民币清算的主要利益相关方合作，开启关于中国资本市场许可的谈判”（MNB，2017b）。“布达佩斯人民币倡议”包括每年举办一次的高级别年度国际会议（“布达佩斯人民币倡议”会议）。在此类会议中，国内外决策者、经济和金融部门领导人和专家讨论中国在全球和区域市场的作用以及匈牙利—中国经济和金融关系（Sütö，2017）。会议是科研领域和决策领域之间的直接对话平台，而这之前在匈牙利几乎没有什么相关的交流。

在“人民币项目”方面，第一个实际措施很快出台。2015 年 4 月，匈牙利央行宣布，出于经济政策和外币资产多元化的考虑，计划建立以中国人民币计价的债券投资组合和储备资产组合（MNB，2015b）。2015 年 5 月，匈牙利央行最终决定将部分外汇储备投资于中国政府债券（MNB，2015c）。然而，投资的落实需要更长的时间，因为需要对中国政府债券和外汇市场进行更深入的了解。由于缺乏全面的风险分析以及存在若干挑战（例如法律规范、技术条件的创建等）（Erhart，2015b），投资的第一阶段采用的是一种与国际清算银行合作的间接手段。这种谨慎的态度也可以在官方公告的另外两个声明中看到：第一，投资仅仅是外汇储备的一小部分；第二，它指出“投资不会危及储备的充足性”（MNB，2015c）。2015 年 6 月，匈牙利中央银行与中国人民银行在巴塞尔签署了委托代理协议，以管理匈牙利央行对中国银行间债券市场的投资（MNB，2015d）。这一点非常重要，因为匈牙利央行是首批被允许在仍然封闭的中国资本市场进行债券投资的机构之一。在与中国人民银行的合作下，匈牙利央行于 2015 年 6 月采取了另外两项重要举措。其一，中国人民银行同意将人民币合格境外机构投资者（RQFII）试点计划延伸至匈牙利，总投资额度为 500 亿元，这为匈牙利央行提供了在中国境内债券市场投资离岸人民币的许可。其二，两大央行签署了人民币结算机制谅解备忘录。人民币清算银行将由中国人民银行在匈牙利指定。2015 年 10 月后，中国人民银行和匈牙利央行正式宣布，中国银行匈牙利分行获得授权在匈牙利启动人民币清算中心，该清算中心覆盖整个中欧地区（Müller-Kovács，2017）。

2015 年 11 月，匈牙利中央银行与香港金融管理局和澳大利亚储备银行一起，成为首批向中国外汇交易系统（CFETS）注册并获得中国银行间外汇市场准入许可的机构，这是投资中国国内政府证券市场的先决条件。

2016 年 9 月，货币互换协议得以续签，金额不变（人民币 100 亿元）（MNB，2016b）。2016 年 12 月，启动了人民币与福林在中国境内外汇市场上的直接兑换，用以支持双边贸易和投资，并促进人民币和福林在跨境贸易和投资结算中的使用，还可降低货币兑换成本（MNB，2016c）。

2017 年 1 月，匈牙利央行进一步深化与在匈牙利唯一的中国商业银行——中国银行的合作。双方谅解备忘录指出，中国银行将为匈牙利央行提供人民币结算账户的服务。各方同意评估匈牙利中央银行如何以更有效的方式实施人民币结算，并开展合作以支持匈牙利作为中东欧人民币结算中心的作用。双方还签署了一项主协议，即通过其合作伙伴中国银行（MNB，2017a），以商业形式进入中国金融市场。

通过“布达佩斯人民币倡议”，匈牙利中央银行成功促进了其他金融机构发展与中国同行的关系，并使得自身在中国市场更加活跃。2017 年 4 月，布达佩斯证券交易所宣布开发人民币市场作为此项倡议的一部分（MNB，2017b）。

此外，值得注意的是，自“人民币项目”启动以来，金融精英之间的人际关系已经发展到了一定程度，包括最高层（匈牙利央行行长与中国银行行长田国立进行了多次会面，MNB，2017c）定期举行双边会谈，邀请专家出席对方会议。由中国人民银行和匈牙利中央银行组织的一个新的双边论坛——中匈金融论坛2016年首次在上海举行，用以更好地协调这些目标（MNB，2016b）。

非比寻常的是，匈牙利中央银行已成为两国政治关系的重要角色。作为对匈牙利政府的补充，匈牙利央行欢迎中国在全球经济中发挥越来越大的作用，而且也已经成为“一带一路”倡议在匈牙利的积极支持者（MNB，2017d）。

六　匈牙利的其他行为体

在匈牙利，除匈牙利中央银行之外，还有其他一些行为体也参与到合作中，这是“布达佩斯人民币倡议”的部分成果，该倡议近年来在双边金融合作中越来越活跃。匈牙利国家经济部的政府债务管理局（Government Debt Management Agency）在2016年推出了一项为期三年的点心债券，金额达人民币10亿元（收益率为6.25%），这是获得较大国际反响的第一项举措。2017年，三年期债券（收益率4.85%）中的10亿元人民币也在中国境内市场上得以出售（Allen，2017）。由于匈牙利政府的财政融资政策旨在减少外币债务，所以这些行动具有重要的政治信息。匈牙利官员也表示，在进入中国债券市场时，收益率不能作为唯一的衡量指标，但作为一个可能的投资促进工具，其可能产生的影响也必须考虑在内（Világgazdaság，2017）。国家经济部另一项重要决定是，匈牙利于2017年6月加入（总额为1亿美元的股份）亚洲基础设施投资银行（AIIB），这是一家由中国成立的新的多边开发银行。与其他12个申请国一道，匈牙利是继波兰之后加入这一机构的第二个中东欧国家。这一成员国身份的信息很明确：匈牙利支持中国的举措，并试图加强自身在区域性金融中的作用（NM，2017）。

在双边金融合作中的另一个相关行为体是匈牙利进出口银行，它入资了跨区域的中国—中东欧投资合作基金，以便在中东欧地区开发共同的投资目标。在2013年的第一阶段，资金已投入3000万美元；而在2017年的第二阶段，投资总计增加到7650万美元（Xu，2017）。此外，匈牙利对外事务和对外贸易部部长彼得·西雅尔多（Péter Szijjártó）宣布，中国工商银行的投资促进基金、中国—中东欧金融控股公司提供了2亿欧元的资金，用于为中国和中东欧国家之间的产业合作提供金融支持。（Xu，2017）。

匈牙利最大的商业银行——匈牙利全国储蓄银行（OTP）在2017年5月宣布，中国当局同意其在中国设立代表处，这是进入中国市场的必要先决条件（J. P. Morgan，2017）。

七　区域视角下的成果

直到2008年金融危机之前，中东欧与中国之间的金融合作主要是指匈牙利与中国的合作关系，唯一的例外是波兰。但是，波兰的立场与匈牙利有着根本的不同。在所谓的"2000金融协议"框架内，波兰在中国为环境保护投资提供了财政支持，这通常被称为援助（利率很低，仅为1.98%），中国必须要购买来自波兰的机械、设备和材料。协议延长了几次，直到2013年结束（Górski，2017）。在金融危机之后，由于相互利益的不断增长（中东欧国家多元化需求以及中国对来自海外业务扩张的支持），匈牙利这一近乎独一无二的地位发生了变化。"16+1合作"伴随着大规模的中国对外项目，"一带一路"倡议也支持这一进程。接下来，本文将探讨匈牙利在区域范围内所采取的措施。

2003 年中国银行的子公司在匈牙利成立，成为中东欧地区的第一家中国商业金融机构，这也是加强匈牙利和中国双边关系的早期成果。金融危机之后，中国银行、中国工商银行等中资商业银行在中东欧其他国家也设立了分支机构。中国工商银行 2010 年在波兰设立分行，成为第二家在中东欧地区设立分支机构的中国商业银行。与匈牙利的中国银行一样，中国工商银行并未将其重点限制在注册国，也具有在区域和欧洲进一步发展的雄心（ICBC，2012）。2016 年，中国工商银行宣布为了配合“16 + 1 合作”和“一带一路”倡议，将设立一个约 10 亿欧元的投资子公司，用于投资该地区的基础设施项目。同年，中国工商银行与另一家波兰银行 mBank 达成了首笔双边贷款协议（1.3 亿欧元）（ICBC，2016）。鉴于波兰市场的规模和日益增长的双边经济关系，全球规模最大的中国商业银行——中国银行 2012 年也开始在波兰开展业务（BOC，2012）。继匈牙利和波兰之后，中国银行捷克支行于 2015 年 8 月在布拉格成立，业务受匈牙利中国银行管理。与此同时，中国工商银行也于 2017 年在捷克获得了银行业务的许可证（ICBC，2017）。除维谢格拉德集团外，中国商业银行在该地区设立分行的唯一国家是塞尔维亚。2017 年 1 月，中国银行在塞尔维亚开设第一家支行（Xinhua，2017）。中东欧其他国家可以通过“16 + 1 合作”框架，获得中国商业银行的投资。已经宣布了一些大规模的投资，例如中国工商银行在罗马尼亚切尔诺沃达（Cernavoda）的核反应堆（Pedraza，2015），但中国的政策性银行（特别是中国进出口银行）在这些框架中似乎起主导作用。

匈牙利的另一个金融合作领域是匈牙利中央银行和中国人民银行之间的双边本币互换协议。该协定在 2016 年得到了延长。该协定签署后不久，2013 年 9 月，阿尔巴尼亚也宣布了与中国人民银行的互换协议（2.5 欧元）（BIS，2014），随后是 2016 年 8 月塞尔维亚的协议（2.28 亿美元）（Xinhua，2016a）。但是，中东欧国家并未遵循匈牙利的路径来配置以人民币计价的债券和储备资产。自中国人民银行同意匈牙利央行开展人民币结算账户服务以来，布达佩斯成为中东欧地区第一个也是唯一一个结算中心。

随着在中国离岸市场发行主权债券，匈牙利在中东欧地区成为先行者，这是其他国家不能比拟的，当然，在中国境内市场的情况则不尽然。2016 年 8 月，波兰成为第一个在中国市场发行债券的欧洲国家，这比匈牙利早了一年（Liu，2016）。这笔债券的价值为 30 亿元人民币（4.590 亿美元），三年期债券的收益率为 3.4%，与匈牙利后来发行的债券非常相似，这表明两国之间存在竞争。

区域性的金融和投资机构成员地位的重要性也在增强。中国进出口银行及其最重要的区域性成员——匈牙利进出口银行（3000 万美元）设立小型投资基金中国—中东欧投资合作基金（5 亿美元）（Bastian，2017）。2016 年 11 月，中国—中东欧投资合作基金第二阶段启动，总金额达 100 亿欧元（Xinhua，2016b）。中国工商银行成为主要的资金来源，波兰、捷克和拉脱维亚对此也有强烈的参与意愿，匈牙利政府也宣布打算向该基金投资 2 亿欧元。该基金将由中国工商银行金融控股有限公司（中国工商银行的子公司）经营，并寻求募集 500 亿欧元，用于基础设施和高科技制造业项目（Reuters，2016）。中东欧国家加入的另一个新金融机构是亚洲基础设施投资银行（AIIB）。波兰是该银行的 57 个创始成员国之一，其股份为 8.318 亿美元，拥有 1.0303% 的投票权（AIIB，2017）。波兰作为创始成员国的蜚声遐迩无疑掩盖了匈牙利的加入。匈牙利于2017年成为亚投行成员国，配额（1亿美元）和投票权（0.3058%）明显减少。而且欧盟内的第一个由亚投行共同资助的项目也在波兰，该项目是位于罗兹附近的新中央波兰机场（Radio Poland，2017）。

中东欧国家和中国之间的金融合作还有一些重要领域，包括对银行机构的监管。这一合作因中国银行业监督管理委员会及捷克、匈牙利 、波兰、立陶宛和塞尔维亚同行的共同工作取得显著进展。最后，还有一些中国私人投资基金近年来一直很活跃，特别是在捷克，如中国华信。

表1总结了上述金融合作领域。

表1　**中国和中东欧国家的金融合作领域**

	在该国运营的中国商业银行	双边本币互换协议	人民币/中国政府债券外汇储备资产	清算中心	发行离岸人民币债券	发行中国境内人民币债券	亚投行成员国身份	其他区域性金融机构的重要成员
阿尔巴尼亚	没有	有	没有	没有	没有	没有	没有	没有
捷克	有	没有	没有	没有	没有	没有	没有	有
匈牙利	有	有	有	有	有	有	有	有
波兰	有	没有	没有	没有	没有	有	有	有
塞尔维亚	有	有	没有	没有	没有	没有	没有	没有

资料来源：作者自制。

表1证实了匈牙利在中东欧地区金融合作中发挥主导作用的假设。与其他15个中东欧国家相比，虽然波兰的重要性也在增长，而且这可以被看作是国家规模较大所带来的自然现象，但匈牙利仍有很大的发挥空间。

八 结论

总结中匈金融合作的成果后可以发现，显然金融危机前后两个时期之间存在明显的分界线，特别是匈牙利中央银行推出“人民币项目”和“布达佩斯人民币倡议”以来。在这两个时期，匈牙利的目标都是一样的：促进布达佩斯作为中东欧区域中心的角色，并在欧盟和中国之间架起一座桥梁。前期失败的原因：第一是匈牙利精英将注意力集中在西欧。在当时，中国不是现实的选择，而是未来的可能性。第二，尽管存在一定乐观的看法，但匈牙利仅采取了很少的实际措施，也并没有引入全面的战略。

相比之下，后金融危机时期的金融合作取得成果较快，无论是从双边关系，还是区域比较的角度都是如此，因为没有一个国家能够表现出类似的成就。根据近年来获得的经验，这种相对成功有三个原因。第一，匈牙利中央银行很清楚地知道该做什么，随后由各部门和负责实施这些想法的人步步跟进。第二，匈牙利中央银行和市场之间就如何开展金融合作进行了真正的互动（例如“布达佩斯人民币倡议”）。市场参与者接受匈牙利中央银行的主导作用，后者为进一步发展奠定基础，非国家行为体（如商业银行）也是如此。第三，匈牙利中央银行选择的战略是基于中匈双方研究人员以及金融专家进行学术研究和讨论的成果。

在整个中东欧地区也可以观察到这种金融危机前后之间的明确分界线。金融危机后取得成果较快，但与匈牙利相比，其他国家都没有能够制定和实施一种类似于“人民币项目”和

“布达佩斯人民币倡议”的全面战略。除了波兰之外，战略的缺乏导致了差距的相对加大。匈牙利在金融领域已经成为地区角色，并且在人民币和中国金融部门进一步国际化的过程中发挥重要作用。

（马骏驰翻译，陈新审校）

参考文献

1. AIIB（2017）：*Members and Prospective Members of the Bank.* Asian Infrastructure Investment Bank. https：//www. aiib. org/en/about-aiib/governance/members-of-bank/index. html（Last accessed：November 2，2017）.

2. Allen，K.（2017）：*Hungary sells renminbi debt in China.* Financial Times，July 26. https：//www. ft. com/content/0201afb8-7202-11e7-93ff-99f383b09ff9（Last accessed：September 24，2017）.

3. Bastian J.（2017）：*The potential for growth through Chinese infrastructure investments in Central and South-Eastern Europe along the "Balkan Silk Road"*. European Bank for Reconstruction and Development，July. www. ebrd. com/documents/policy/the-balkan-silk-road. docx（Last accessed：November 3，2017）.

4. BIS（2014）：*Speech by Mr Ardian Fullani，Governor of the Bank of Albania，at the meeting with the banking sector，introducing the bilateral SWAP agreement on national currency exchange between the Bank of Albania and the People's Bank of China.* Tirana，Bank of International Settlements，April 2. https：//www. bis. org/review/r140408b. pdf（Last accessed：November 2，2017）.

5. BOC（2012）：*Bank of China Poland Branch Held Opening Ceremony.* Bank of China，August 30. http：//www. boc. cn/en/bocinfo/bi1/201209/t20120903_1961437. html.

6. Botos K.（2010）：*The Hungarian financial sector and the EU.* South-East Europe International Relations Quarterly，Vol. 1.（4），pp. 1-2.

7. Byrne, A. (2015): "*Orbanomics*" *confounds critics as Hungary's economy recovers.* Financial Times, June 9. https://www.ft.com/content/027eaf9a-05e9-11e5-b676-00144feabdc0 (Last accessed: September 21, 2017).

8. Central Banking (2012): *Hungarian governor slams government's economic policies.* Central Banking, December 7. https://www.centralbanking.com/central-banking/news/2230594/hungarian-governor-slams-government-s-economic-policies (Last accessed: September 22, 2017).

9. Central Banking (2013): *Hungary PM picks finance minister Matolcsy for central bank top job.* Central Banking, March 1, 2013.

10. Chen X. -Yang Ch.: *A Quantitative Analysis on China-CEEC Economic and Trade Cooperation.* Institute of European Studies Chinese Academy of Social Sciences, Working Paper Series on European Studies, Vol. 10. (5), pp. 1 – 22.

11. Dániel P. (2015): *The Eastern Opening-An Element of Hungary's Trade Policy.* Europe in Global Economy, September pp. 1 – 7. https://www.researchgate.net/publication/282217890_The_Eastern_Opening_-_An_Element_of_Hungary's_Trade_Policy (Last accessed: September 21, 2017).

12. Erhart Sz. (2014): *Renminbi—A New Settlement Currency Was Born.* Magyar Nemzeti Bank, Budapest Renminbi Intitiative Papers, Vol. 1. pp. 1 – 7. http://www.rmbbudapest.hu/letoltes/szilard-erhart-budapest-renminbi-initiative-papers-no1.pdf (Last accessed: September 22, 2017).

13. Erhart Sz. (2015a): *Liberalisation of the Renminbi Exchange Rate Regime and Foreign Currency Regulations.* Budapest Renminbi Intitiative Papers, Vol. 2. pp. 1 – 8. https://www. Hungarian central banl. hu/letoltes/liberalisation-of-the-renminbi-exchange-rate-regime-and-foreign-currency-regulations.pdf (Last accessed: September 22, 2017).

14. Erhart Sz. (2015b): *Átkelés A Folyón A Köveket Érezve.* Magyar Nemzeti Bank, March. https://www. Hungarian central banl. hu/letoltes/erhart-szilard-atkeles-a-folyon-a-koveket-erezve.pdf (Last accessed: September 22, 2017).

15. FMPRC (2003): *Prime Minister Medgyessy Peter of Hungary will Pay a Work-*

ing Visit to China. Ministry of Foreign Affairs of the People's Republic of China, 20 August. http: //www. fmprc. gov. cn/ce/cedk/eng/xnyfgk/t105642. htm (Last accessed: September 21, 2017).

16. FMPRC (2004): *President Hu Jintao Holds Talks with Hungarian President Madl Ferenc.* Ministry of Foreign Affairs of the People's Republic of China, June 11. http: //www. fmprc. gov. cn/mfa_ eng/wjb_ 663304/zzjg_ 663340/xos_ 664404/gjlb_ 664408/3175_ 664570/3177_ 664574/t134058. shtml (Last accessed: September 21, 2017).

17. Górski J. (2017): *Central and Eastern Europe, Group 16 + 1 and One Belt One Road: The Case of 2016 Sino-Polish Comprehensive Strategic Partnership*, Transnational Dispute Management, Vol. 14 (3). pp. 1 – 37. http: //www. Hungarian central banl. hu/en/pressroom/press-releases/press-releases-2017/governor-continues-his-programme-in-shanghai (Last accessed: September 24, 2017). https: //www. centralbanking. com/central-banks/monetary-policy/2251739/hungary-pm-picks-finance-minister-matolcsy-for-central-bank-top-job (Last accessed: September 22, 2017).

18. ICBC (2012): *ICBC Sets up Branch in Poland.* Industrial and Commercial Bank of China April 24. http: //www. icbc-ltd. com/icbcltd/about% 20us/news/icbc% 20sets% 20up% 20branch% 20in% 20poland. htm (Last accessed: October 30, 2017).

19. ICBC (2016): *Poland Branch Signs a Bilateral Loan Agreement with mBank S. A.* Industrial and Commercial Bank of China, May 25. http: //warsaw. icbc. com. cn/icbc/% E6% B5% B7% E5% A4% 96% E5% 88% 86% E8% A1% 8C/% E5% 8D% 8E% E6% B2% 99% E7% BD% 91% E7% AB% 99/en/customerservice/announcement/ICBCEuropeSAPolandBranchSignsaBilateralLoanAgreementwithmBankSA. htm (Last accessed: October 30, 2017).

20. ICBC (2017): *ICBC Approved to Set up a Branch in Czech.* Industrial and Commercial Bank of China, May 31. http: //www. icbc. com. cn/icbc/en/newsupdates/icbc% 20news/ICBCApprovedtoSetupaBranchinCzech. htm (Last accessed: October 30, 2017).

21. IMF (1982): *Annual Report of the Executive Board for the Financial Year Ended*

April 30 1982. International Monetary Fund, Vol. 77. http://www.imf.org/external/pubs/ft/ar/archive/pdf/ar1982.pdf (Last accessed: September 21, 2017).

22. IMF (2008): "IMF Survey: IMF Agrees $15.7 Billion Loan to Bolster Hungary's Finances", International Monetary Fund Survey online, November 6. https://www.imf.org/en/News/Articles/2015/09/28/04/53/socar110608a (Last accessed: September 21, 2017).

23. Jiang X. -Zhong N. (2016): *Bank of China plans to officially open Prague branch in April.* China Daily, March 31. http://www.chinadaily.com.cn/business/2016-03/31/content_24214014.htm (Last accessed: October 30, 2017).

24. JP Morgan (2017): *OTP Bank Conference Call.* JP Morgan, Incomm Transcript, May 12, 2017. https://www.otpbank.hu/static/portal/sw/file/OTP_transcript_1Q_2017.pdf (Last accessed: September 24, 2017).

25. Kong T. (2015): 16+1 Cooperation Framework: Genesis, Characteristics and Prospect. China-CEEC Think Tanks Network, December 3, 2015. http://16plus1-thinktank.com/1/20151203/868.html (Last accessed: September 21, 2017).

26. Li X. -Fu J. (2011): *China willing to buy Hungarian bonds.* China Daily, June 26. http://europe.chinadaily.com.cn/china/2011-06/26/content_12778313.htm (Last accessed: September 21, 2017).

27. Liu C. (2016): *Poland becomes first European state to issue RMB debt in China.* China Daily August 26. http://europe.chinadaily.com.cn/world/2016-08/26/content_26608707.htm (Last accessed: November 2, 2017).

28. MNB (2015a): The Hungarian central banl's Renminbi Programme (JRP). Magyar Nemzeti Bank, February 19. https://www.MNB.hu/en/pressroom/press-releases/press-releases-2015/the-hungarian-central-bank-s-renminbi-programme-jrp (Last accessed: September 22, 2017).

29. MNB (2015b): *Magyar Nemzeti Bank Decided to Build a Bond Portfolio Denominiated in Chinese Renminbi.* Magyar Nemzeti Bank, April 7, 2015. https://www.MNB.hu/en/pressroom/press-releases/press-releases-2015/magyar-nemzeti-bank-decided-to-build-a-bond-portfolio-denominiated-in-chinese-renminbi (Last accessed:

September 22, 2017).

30. MNB (2015c): *Announcement on Renminbi reserve portfolio investment.* Magyar Nemzeti Bank, June 27, 2015. https://www.MNB.hu/en/pressroom/press-releases/press-releases-2015/announcement-on-renminbi-reserve-portfolio-investment (Last accessed: September 23, 2017).

31. MNB (2015d): *hungarian central bank signed the Memorandum of Understanding on RMB clearing arrangements and the Agency Agreement with People's Bank of China in Basel.* Magyar Nemzeti Bank, June 27. https://www.MNB.hu/en/pressroom/press-releases/press-releases-2015/Hungarian central banl-signed-the-memorandum-of-understanding-on-rmb-clearing-arrangements-and-the-agency-agreement-with-people-s-bank-of-china-in-basel (Last accessed: September 23, 2017).

32. MNB (2016a): *Kínában tárgyal az hungarian central bank delegációja.* Magyar Nemzeti Bank, January 15, 2016. https://www.MNB.hu/sajtoszoba/sajtokozlemenyek/2016-evi-sajtokozlemenyek/kinaban-targyal-az-Hungarian central banl-delegacioja (Last accessed: September 24, 2017).

33. MNB (2016b): *The bilateral currency swap line agreement between the People's Bank of China and the Central Bank of Hungary has been renewed.* Magyar Nemzeti Bank, September 12, 2016. https://www.MNB.hu/en/pressroom/press-releases/press-releases-2016/the-bilateral-currency-swap-line-agreement-between-the-people-s-bank-of-china-and-the-central-bank-of-hungary-has-been-renewed (Last accessed: September 23, 2017).

34. MNB (2016c): *Hungarian central bank welcomes the launch of direct trading between RMB and HUF on the onshore Chinese foreign exchange market.* Magyar Nemzeti Bank, December 12. https://www.MNB.hu/en/pressroom/press-releases/press-releases-2016/Hungarian central banl-welcomes-the-launch-of -direct-trading-between-rmb-and-huf-on-the-onshore-chinese-foreign-exchange-market (Last accessed: September 23, 2017).

35. MNB (2017a): *Magyar Nemzeti Bank and Bank of China sign master agreement in respect of interbank market agency business and memorandum of understanding on*

renminbi clearing account service. Magyar Nemzeti Bank, January 24. https：//www. MNB. hu/en/pressroom/press-releases/press-releases-2017/magyar-nemzeti-bank-and-bank-of-china-sign-master-agreement-in-respect-of-interbank-market-agency-business-and-memorandum-of-understanding-on-renminbi-clearing-account-service （Last accessed：September 24，2017）.

36. MNB （2017a）：*RMB Initiative.* Magyar Nemzeti Bank. http：//www. rmbbudapest. hu/rmb-initiative （Last accessed：September 22，2017）.

37. MNB （2017b）：*Hungarian RMB market growing successfully：central bank official. Xinhua*，April 6，2017. http：//news. xinhuanet. com/english/2017 – 04/06/c_136185336. htm （Last accessed：September 24，2017）.

38. MNB （2017b）：*RMB centers in Europe.* Magyar Nemzeti Bank，http：//hu. rmbbudapest. hu/europai-rmb-kozpontok （Last accessed：September 22，2017）.

39. MNB （2017c）：*Governor's visit to Beijing.* Magyar Nemzeti Bank，May 22，2017. http：//www. MNB. hu/en/pressroom/press-releases/press-releases-2017/governor-s-visit-to-beijing （Last accessed：September 24，2017）.

40. MNB （2017d）：*Governor continues his programme in Shanghai.* Magyar Nemzeti Bank，May 29，2017.

41. Müller J. -Kovócs L. （2017）：*Hungary's Link to Financial Cooperation with Asia.* Financial and Economic Review，Vol. 16. Special Issue，pp. 186 – 193.

42. NM （2017）：*Magyarország csatlakozott az Ázsiai Infrastrukturális Beruházási Bankhoz.* Nemzetgazdasógi Minisztérium，July 16. http：//www. kormany. hu/hu/nemzetgazdasagi-miniszterium/hirek/magyarorszag-csatlakozott-az-azsiai-infrastrukturalis-beruhazasi-bankhoz （Last accessed：September 24，2017）.

43. Palotai （2013）：Palotai Dóniel："Agreement on the Establishment of a Foreign Currency Swap Line Between the Magyar Nemzeti Bank and the People's Bank of China."Magyar Nemzeti Bank. https：//www. MNB. hu/letoltes/Hungarian central banl-pbc-swap-en. PDF （Last accessed：September 22，2017）.

44. Pedraza，J. M. （2015）：*The Current Situation and Perspectives in the Use of Renewable Energy Sources and Nuclear Power for Regional Electricity Generation.* Springer.

45. Radio Poland (2017): *AIIB to co-fund "priority" central Polish airport.* Radio Poland, April 27. http: //www. thenews. pl/1/12/Artykul/304498, AIIB-to-cofund-priority-central-Polish-airport November 2, 2017 (Last accessed: November 2, 2017).

46. Reuters (2016): *China Launches $11 billion Fund for Central, Eastern Europe.* Reuters, November 6. https: //www. reuters. com/article/us-china-eastern-europe-fund-idUSKBN13105N (Last accessed: November 2, 2017).

47. Sütö Zs. (2017): *Report on the Budapest Renminbi Initiative Conference 2017.* Financial and Economic Review, Vol. 16 (2), pp. 195 – 197.

48. Szesztay Á. (2013): Külpolitikánk és külügyi szolgálatunk megújulása. 2010 – 2013. Kormany. hu. http: //magyaryprogram. kormany. hu/download/8/18/90000/Kulpolitikank_ es_ kulugyi_ szolgalatunk_ megujulasa_ 2010 – 2013. pdf (Last accessed: September 21, 2017).

49. Szunomár Á. (2013): *Kínai befektetések Magyarországon: ábránd vagy sikertörténet?* Geopolitika a 21. században, Vol. 3. 183 – 191.

50. Vámos P. (2006): *Az SZKP XX. kongresszusának hatása a magyar-kínai kapcsolatokra. Múltunk*, Vol. 2. pp. 235 – 256.

51. Vámos P. (2010): Kína változik. Úgy látszik, nekünk is változtatni kell. Magyar-kínai kapcsolatok az 1980-as években. Történelmi Szemle, Vol. 52. pp. 235 – 256.

52. Világgazdaság (2017): *Barcza: euróra váltással olcsóbb a kínai hitel. Világgazdaság*, July 31. https: //www. vg. hu/gazdasag/barcza-gyorgy-az-eurora-valtas-olcsobba-teheti-renminbifinanszirozast-564062/ (Last accessed: September 24, 2017).

53. Xinhua (2016a): *China, Serbia sign currency swap deal.* Xinhua, June 17. http: //news. xinhuanet. com/english/2016 – 06/17/c_ 135445530. htm. https: //www. bis. org/review/r140408b. pdf (Last accessed: November 2, 2017).

54. Xinhua (2016b): *Spotlight: "16 + 1" mechanism opens up new chapter of China-CEE cooperation.* Xinhua, November 7. http: //news. xinhuanet. com/english/2016 – 11/07/c_ 135811829. htm (Last accessed: November 2, 2017).

55. Xinhua (2017): *Bank of China officially opens branch in Serbia.* Xinhua January 22. http: //news. xinhuanet. com/english/2017 – 01/22/c_ 136002668. htm (Last

accessed：October 30，2017）.

56. Xu J. （2017）：*Sino-Hungarian investment funds coming.* China Daily，May 16. http：//www.chinadaily.com.cn/kindle/2017－05/16/content_29367404.htm（Last accessed：September 24，2017）.

国际舞台上的
人民币国际化

人民币国际化与中国金融改革*

高海红**

序　言

1973 年布雷顿森林体系崩溃以来，美元在国际货币体系中扮演了主导货币的角色。然而在同一时期，以中国为代表的新兴市场高速的经济增长和在全球贸易份额的大幅度提升，改变了国际经济实力格局。新兴市场国家在生产和贸易领域地位的提高，与它们在全球金融和货币领域中依然弱势的地位形成了强烈反差。这一实体经济基础的变化是国际货币体系变革的根本动力来源，中国在这一变革中起重要的作用。人民币的兴起正改变国际货币体系的版图。本文第一部分讨论人民币国际化的含义以及对国际货币体系变革的意义；第二部分总结人民币国际化的重要进展；第三部分分析人民币国际化政策时序，重点讨论资本项目开放、汇率政策、国内金融改革和带路动议；最后是本文的结论。

---

* 本文部分内容的早期版本发表于《人民币国际化：基础与政策次序》，《东北亚论坛》2016 年第 1 期。

** 高海红，中国社会科学院世界经济与政治研究所研究员，国际金融研究中心主任。

一 人民币国际化缘由

关于货币国际化的定义，目前尚没有明确的界定。通常按功能划分，如果一种货币能够在跨境交易中发挥价值储藏、交换媒介和计价单位这三项功能，这一货币就具备了国际货币职能。更进一步，Chinn 和 Frankel（2005）区分了国际货币的官方用途和私人用途这两个类别。Ito（2011）明确区分了贸易交易中结算功能和计价功能之间的差别，因为结算货币在实际交易中不一定是计价货币，这一区分使得对国际货币职能的衡量更符合现实使用状况。需要指出的是，以货币功能对国际货币进行界定并非严谨，但却为评估货币国际使用的程度提供了参考的指标。而关于货币国际化决定条件，通常一个国家在全球经济中的比重、贸易规模、货币价值的稳定性、货币当局的公信力、货币可兑换程度、国内金融市场的流动性和深度，以及该国的政治军事实力等，都是影响货币实力的重要因素。这其中，资本项目开放在决定该货币国际化程度的初期占有支配性地位（Kenen，2012）。

（一）人民币国际化研究的简短综述

近年来针对人民币国际化的文献可以说是汗牛充栋。第一，美元和日元国际化历程为人民币国际化研究提供了经验。Eichengreen（2011）分析了美元取代英镑的进程，认为美元利用“嚣张的特权”（exorbitant privilege）维持了其国际货币地位，而人民币对美元国际货币地位的挑战，只是一个时间问题。与此同时，从1984年到2003年日元的国际化进程也为人民币国际化研究提供了丰富的比较文献来源。Takagi（2012）对日元国际化进行全面的历史回顾。他的研究尤其有助于理解日元国际化的政策背景和在国内金融市场发展方面所遇到的各种瓶颈。Kawai 和 Takagi（2011）根据日元国际化经验分析人民币国际化在诸多方面产生的启示。他们的结论是强大的经济基础能够在一定程度上提升该国的货币地位，但这只能确保货币国际化到一定的程度。对中国而言，中国经济实力有助于提升人民币的地位，但不是人民币成为真正的国际性关键货币的全部决定因素。

第二，在 20 世纪 90 年代最初的研究重点是评估人民币在周边国家流通状况、数额和地域分布，目的是评估境外人民币流通对跨境资本流动的影响。随后，人民币国际化研究迅速转向一系列政策性分析。这些研究的主要内容包括如下四个方面。一是针对人民币国际化的成本收益展开讨论。比如，Gao 和 Yu（2012）较早对人民币国际化的必要性进行了框架性阐述。在各种收益中，他们的研究尤其强调人民币国际化在降低外贸部门汇率风险、提高中国金融部门竞争力和降低外汇储备持有的资本损失方面的重要性。二是分析人民币国际使用对中国国内货币政策的有效性产生怎样的影响。Gao（2010）区分了货币的国际使用对国内货币政策产生影响的各种渠道，发现在货币总量、货币替代和套息交易等渠道中，货币国际使用对国内货币政策有效性的影响效果存在着不确定性。三是针对人民币离岸市场发展，引发了对人民币离岸中心建设、各个离岸市场之间的关系以及跨境人民币流动动态监控的讨论（McCauley，2011；Subacchi and Huang，2011）。四是与人民币国际化配合的各项政策时序问题。这其中，中国资本项目开放、汇率政策的灵活性、国内金融市场发展和金融体系改革之间如何协调，成为讨论人民币国际化成功与否的关键。实际上在政策时序问题上存在着较大的争论。主张快速推进资本项目开放的观点认为，只有开放中国的资本项目才能实现人民币走出去的目的。在资本项目开放时序和风险的可控性方面，这一主张所持有的观点也相对乐观，比较有代表性的是中国人民银行一些研究结论，比如中国人民银行调查统计司课题组（2012）的研究。而一些经济学家则认为，快速的资本项目开放和缓慢的国内金融改革，只会增加资本流动风险，甚至阻碍人民币国际化进程（张斌，2011；RCIF，2011；余永定，2011；张明，2011）。

第三，人民币在亚洲区域的作用问题广受关注，这其中的原因是人民币国际化实际上始于人民币区域化，也即人民币在亚洲地区发挥区域货币职能（Gao and Yu，2012）。一些经验数据表明，与美元相比，人民币在亚洲地区的作用相对上升，尤其是从1995年中国开始放松对人民币汇率波动的限制之后（Kawai and Pontines，2014）。香港人民币离岸市场和人民币在岸市场汇率变动对亚洲其他货币产生显著的影响（Shu et al.，2015）。新一些的数据表明，截至2016年，人民币作为区域储备货币的功能呈现上升趋势，而且未来亚洲国家的货币与人民币的联动性会进一步提高（Ito，2017）。

第四，人民币国际化对国际货币秩序将产生深刻的影响。Prasad and Ye（2012）详细分析了人民币成为国际货币的潜力，以及对国际货币体系多元化所产生的影响。从制度性因素角度看，一些观点将中国现存的国有体制和缺乏法律依据的制度机制，将在今后相当长时间制约人民币成为国际性的“安全资产”（Prasad，2017）。

（二）人民币国际化与国际货币权力重新分配

在过去几十年，世界经济实力对比发生了显著的变化。以

GDP规模衡量，1980年，新兴经济体与发达国家之比为36%比64%。从20世纪90年代开始这一差距在不断缩小，到2008年新兴经济体GDP总和超过发达国家的总和。根据IMF的预测，到2019年，新兴经济体与发达国家GDP之比将达到60%比40%。从储蓄流向看，发展中国家和新兴经济体总体处于顺差地位，拥有巨额外汇储备，成为发达国家的债权人。

然而在国际货币各项职能中，美元和欧元发挥核心作用。根据2016年第2季度的数据，在国际货币基金组织成员国手中持有的可明确币种的外汇储备（located foreign reserves）中，有64%为美元，21%为欧元，日元和英镑各占4%，人民币占1%。在全球外汇市场交易中，交易量最大的为美元，占总交易量的一半，其次为欧元，占总交易量的33.%。[①] 国际债券发行也基本以欧元和美元为主，分别占42%和39%左右。

经济实力与货币格局之间存在不匹配的情况。其结果，一是美国国内政策具有全球的外溢性。作为主权货币发行者，美联储成为全球流动性的最主要创造者。那些自愿钉住美元的国家货币当局面临两种选择：要么钉住美元保持竞争力，同时紧跟美联储，接受美国货币政策的传递效应；要么对外汇市场持续干预，从而被动累积更多的美元储备。二是国际资本流动受美国货币政策松紧驱动，新兴经济体始终处于被动应对的地位。在资本流迅速增加的情况下，这些国家担心由此会助长国内的资产泡沫，导致经济过热；当资本流出过多的情况下，这些国家担心会出现银行挤兑和货币危机。在资本管制方面，这些国家更是处于两难境地：资本开放有危险；资本管制有成本。三是，一个更深层的问题是

① 由于是对手货币交易，外汇市场交易量币种单位为200%。

发展中国家存在的“原罪”问题和“美德悖论”。对发展中的债务国来说，这些国家通常对外拥有期限较短的美元债务，而对国内贷出的是期限较长的本币贷款，这在期限和币种两个方面出现双重错配。在双重错配普遍存在的情况下，银行体系面临严重的风险，政府不得不通过稳定汇率来实现对银行的担保。这一现象也可以解释发展中国家在汇率制度选择中存在的“浮动恐惧”现象。对于储蓄较多的发展中国家来说，存在着“美德悖论”，只要本国货币不是国际货币，为了保持出口竞争力，这些国家作为债权人仍存在浮动恐惧，仍受制于美元本位（McKinnon and Schnabl，2004）。

在缺乏全球性金融机构行使监控中央银行流动性创造的情况下，美联储拥有美元流动性创造的绝对权利。其结果，一是，美元流动性与美国经常项目逆差挂钩，只要顺差国愿意接受并持有美元，创造的美国流动性总可以以美元债务的形式流回美国。这构成了全球失衡的重要来源。二是，由于美元是世界货币，同时美国又不承担稳定美元汇率的义务，这使得美国在吸纳资本流入的同时不必担心引起国内的通货膨胀，这是因为美国政策的外溢性主要由其伙伴国承担。三是，美国巨额的贸易逆差和不断累积的债务负担，再加上美国政府对汇率的“善意忽视态度”，美元币值从 2002 年 2 月开始步入其长期贬值通道。以美元指数走势来看，除了危机期间美元因发挥避险货币功能，以及 2013—2014 年美联储开始退出量宽政策使得美元受到市场青睐之外，美元指数总体呈现为贬值态势。美元长期贬值对那些以美元资产为主要投资对象的外汇储备大国带来了巨额的资本损失。1999 年，发展中国家和新兴经济体美元外汇储备为 2553. 22 亿美元，到 2014 年中期达到 1. 69 万亿美元，而美元实际指数同期贬值了 14. 8%。美国经济学家克鲁格曼在《纽约时报》撰文称之为“美元陷阱”（Krugman，2009）。

（三）人民币国际化与全球安全资产供给

金融危机以来，全球安全资产在供求结构、数量等方面发生了变化。一方面，新兴市场出于预防性需求的储备资产需求不断上升。另一方面，在供给方，主权债级别的降低导致合格的安全资产提供者减少。在过去十多年间，美国、德国和英国等主要国家的10年期国债收率呈现总体下降趋势，反映了较多的需求追逐有限的供给。事实是，在危机爆发和金融动荡期间，投资者风险偏好降低，对安全资产需求激增的情况下，美元资产的避险功能相当明显。

问题是这些资产“安全”吗？安全资产之所以安全，是因为其背后需要政府清偿能力的担保。但是如果考虑主要国家公共债务水平的激增，财金纪律的普遍丧失，公共债券可持续性问题悬而未决，政府清偿力所担保的资产的安全性已应大打折扣。所谓“没有好资产，只有较好的坏资产”的说法正是反映了投资者对储备资产质量的担忧。从这个意义上讲，人民币成为国际储备货币，将为全球提供另一个安全资产选项，这将有助于弥补全球安全资产的结构性短缺。

（四）人民币国际化与储备货币多元化

2009年时任中国人民银行行长周小川提出建立“超主权货币”主张，这是对未来国际储备体系建设的一个理论指引。在实践中，在全球层面，特别提款权改革正在进行。2015年，IMF对特别提款权的货币组成进行新一轮的评估。按照2011年修订的标准，成为特别提款权篮子货币条件有两个，一是货币发行国贸易规模；二是成员国持有其储备货币的比重，后者要求该货币能够为成员国“自由使用”。目前特别提款权构成有美元、欧元、英镑和日元4种货币。2016年10月，人民币正式纳入SDR货币篮子。新的货币篮子由五种货币组成，其中美元比重为41.73%，欧元为30.93%，人民币为10.92%，日元为8.33%，英镑为8.09%。

人民币加入特别提款权至少在以下三个方面有实质性作用。一是人民币加入有助于改善特别提款权货币篮子的代表性，使其更好反映成员国经济的体量；二是提高市场对人民币的认知，与人民币国际化形成良性互动；三是对中国资本项目开放和国内金融自由化形成“倒逼”。此外，在市场层面，为实施多元化投资战略，分散投资风险，全球大的主权财富基金需要增加新的币种进行投资组合调整。人民币成为新投资组合的重要选项。

（五）人民币国际化的收益

虽然一国货币的国际使用会同时带来收益和成本，但并非所有的国家在所有的时期都希望本国货币成为国际货币，比如在20世纪70—80年代，因担心过多的非居民使用本币会对本国货币政策的有效性造成不利影响，德国中央银行对马克的国际使用就存在较大的顾虑。即便是今天，欧洲中央银行对欧元国际化也采取了中立的态度。

针对人民币国际化，通常认为收益大于成本。首先，更多外贸和金融交易由人民币计价和结算之后，中国企业面对的汇率风险将随之降低。与此同时，因人民币国际业务的增加，中国的金融机构融资效率和国际竞争力也会相应提高，这反过来又会进一步推动中国金融服务行业的扩张，同时也有助于中国的国际金融中心建设。此外，人民币国际化便利了中国跨境贸易和金融交易，后者又会进一步推动中国跨境贸易的发展，在人民币国际化和中国对外贸易发展之间存在一个良性的互动。其次，货币的国际使用会为该货币发行国带来铸币税，尽管向世界收取铸币税并非货币国际化的初衷。对中国来说人民币国际化至少可以在某种程度上抵消中国不得不向美国所付的铸币税。最后，人民币国际化可以帮助中国维持其外汇储备的价值，或至少可以避免因受制于美元资产价值的变化而带来的资本损失（capital loss）。

二　人民币国际化进展

得益于政策推动、政府间积极合作，以及前一时期升值预期，人民币在诸多国际货币职能中迅速占领一席之地。作为储备货币，人民币已经成为国际货币基金组织特别提款权篮子货币，占成员国外汇储备的1.07%，至少已有38个成员国的中央银行将人民币作为储备货币篮子中的组成部分。作为交易货币，在全球外汇市场交易中，根据国际清算银行每三年的统计，人民币占全球交易额的比重从2004年的0.1%提高到2016年的4.0%，排名在同期从第35位上升至第8位（BIS，2016）。在国际支付体系（SWIFT）中，人民币从2010年的第35位上升至第5位；人民币也实现了与欧元、英镑、日元、美元、新西兰元和新加坡元等建立了直接交易；人民币离岸市场迅速发展，香港作为最重要的人民币离岸中心，新加坡、台北、伦敦、卢森堡、巴黎和法兰克福等地人民币业务正在兴起。人民币清算行也几乎遍布亚洲、欧洲、美洲和大洋洲的主要金融交易市场。2015年，中国人民银行更是建立了清算统一的人民币系统（CIPS）。

表1　**人民币国际化进展（截至2017年中期）**

私人用途	官方用途
贸易结算 贸易信贷 银行存款 债券（部分市场，如点心债和RQFIIs） 股权（部分市场，如R－QFIIs） 直接投资（如R－FDI和R－ODI） 货币市场（境外银行和中央银行） 项目融资（例如金砖五国之间、BRI项目） 大宗商品和能源交易（例如黄金、石油）	央行之间货币互换 货币直接交易（部分国家） 外汇储备（SDR、部分国家） 锚货币（部分国家） 基础设施（清算系统）

资料来源：作者自制。

这其中，人民币双边互换、人民币贸易和投资结算以及人民币离岸市场是人民币国际化的里程碑性发展。

（一）以官方合作助推人民币国际化

2008年，中国人民银行与韩国中央银行签署的1800亿元人民币（后来扩增至3600亿元）是第一项这类的互换。此后更多的人民币双边互换协议接踵而至。截至2016年5月，中国人民银行与伙伴央行所签署的双边互换协议共35项，金额达3.4642万亿元人民币。中央银行之间的双边货币互换原本是为出现流动性问题的国家提供救助。然而这一传统功能只是诸多人民币双边货币互换功能的一个部分，促进双边贸易和投资是另一个重要功能。这些互换以官方合作的形式为人民币走出国门提供了助力。

（二）以贸易和投资结算主导人民币国际化进程

随着中国与周边国家和经济体在经济、人员往来方面联系的不断加深，人民币在内地境外的流通规模也不断增加。据不完全统计，在2009年以前，蒙古国内60%的现金流通为人民币，人民币和美元已是该国外汇市场交易总额最大的两种外币；在越南以非官方形式流通的人民币在事实上得到政府的官方承认；人民币在香港更早地在银行系统之外大规模流通；中国台湾、老挝、缅甸、柬埔寨和尼泊尔等商界也开始接受使用人民币（高海红和余永定，2010）。由于人民币当时还不能在大多数邻国的银行体系中存贷，数据的可获性存在障碍，影响对人民币在周边地区流通规模做出准确的定量估计。但是较早期出现的境外人民币流通表明了人民币贸易结算存在真实的市场需求，这为中国政府下决心放松跨境贸易中以人民币结算进行的管制提供了依据。

2009 年 7 月，中国政府颁布《跨境贸易人民币结算试点管理办法》，决定在上海市和广东省内 4 城市开展跨境贸易人民币结算试点，这是以政策推动人民币跨境贸易结算的重要的第一步。随后这一试点办法所涉及的地域进一步扩展，到 2012 年 3 月，人民币贸易结算限制被全部取消。此后，使用人民币进行跨境贸易结算的企业数量和结算金额不断增加。2012 年初，跨境贸易人民币业务结算金额只有 12.84 亿元人民币。到 2014 年底，以人民币结算的跨境贸易额达到 63.34 亿元人民币，占同期中国总跨境贸易的 25.5%，这其中贸易伙伴接近 189 个。然而，由于人民币贬值和临时资本管制措施的实施，人民币贸易结算功能从 2015 年后期开始有所收缩（见图 1）。这一波动反映出人民币快速上升的贸易结算地位与前期人民币升值有较高的关联度。

2011 年 1 月，配合中国企业走出去战略，中国政府颁布了《境外直接投资人民币结算试点管理办法》，解除对以人民币进行的对外直接投资限制。2012 年以来，以人民币计价的外商投资（R－FDI）和对外投资（R－ODI）都得到了发展。这其中，由于人民币升值预期，投资企业倾向于以人民币作为资产，这使得 R－FDI 的

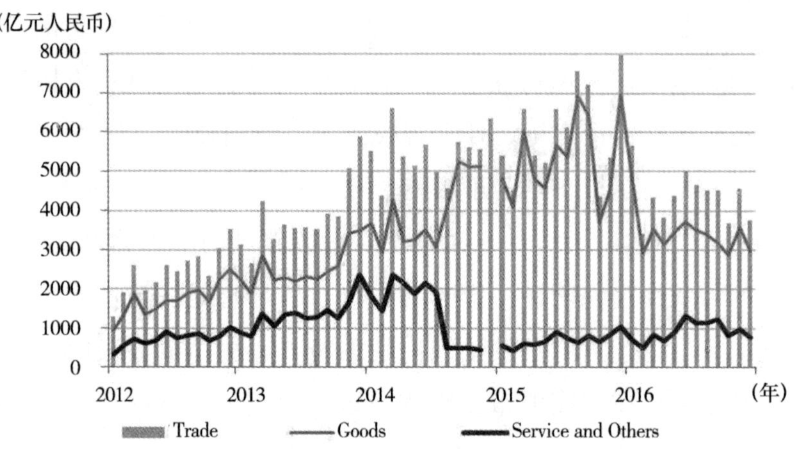

图 1　人民币贸易结算

资料来源：万德数据库。

增长幅度远远大于 R－ODI 的增长幅度。由于汇率贬值，人民币投资计价功能也受到负面影响，图 2 反映了这一波动情况。尽管如此，到 2016 年中国对外直接投资中仍有 10% 以人民币计价（见图 2）。

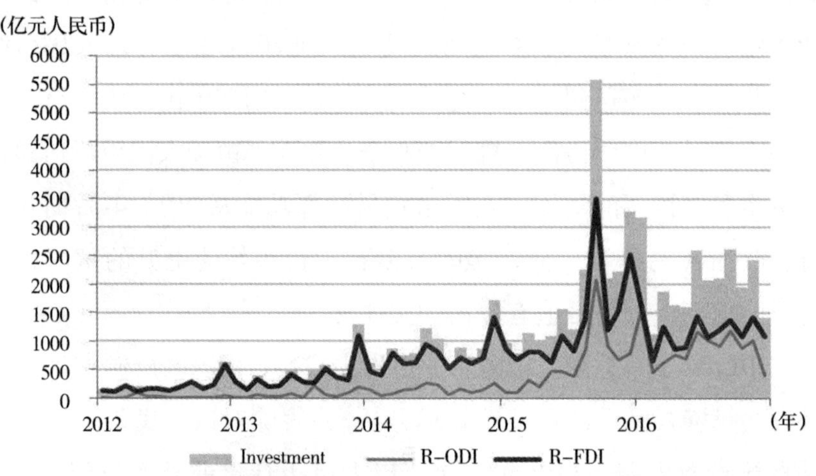

图 2　人民币投资计价

资料来源：万德数据库。

（三）人民币离岸市场

香港在人民币国际化进程中扮演着特殊的角色。在改革开放之前，香港是外国资本进入中国内地的“门户”或“脚踏板”。在1997年香港回归之初，香港曾担心将失去其作为金融中心地位的优势，因为随着内地金融业的不断开放，外国金融机构更愿意绕过香港直接与内地进行商业合作。然而实践证明，香港并没有失去其竞争力，这要感谢其拥有的自由市场准则、充足的专业人才以及完善的金融基础设施。从内地角度看，由于资本项目开放是一个渐进的过程，人民币国际化需要在一个风险可控的程度上展开，同时又要有足够的岸外发展空间，香港因此成为人民币国际化“试验田”的理想之地。事实上，早在2004年香港银行体系开始接受人民币存款之前，因香港与内地的商业活动不断增加，以及内地赴香港人员流动的不断扩大，已经有相当数量的人民币在香港流通。在人民币存贷款正式纳入香港银行体系之后，特别是香港的总结算系统（RTGS）的建立，为人民币在香港离岸市场交易提供了极大的便利。如图3所示，香港已经成为最大的人民币存款所在地，台湾的人民币存款也有较大幅度的增加。

除了香港自身的金融中心优势，人民币升值预期是香港人民币离岸市场发展的重要因素，香港人民币存款的增长与人民币升值幅度之间存在很大的相关性。这是因为，由于存在人民币升值预期，金融机构愿意持有人民币资产。同时，由于人民币存款在香港与内地之间存在利差和汇差，人民币单向套利颇具吸引力。人民币套利活动一方面刺激了市场对人民币流动性的需求，另一方面也造成跨境短期资金的持续流入，助长了“热钱”对国内金融稳定所造成的不利影响。

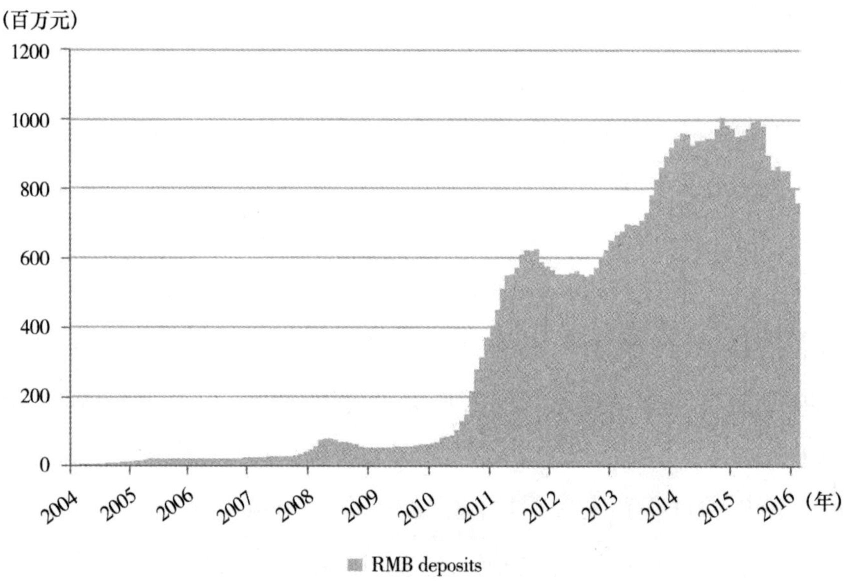

图 3　香港人民币存款规模

资料来源：香港金融管理局数据。

继中国香港之后，中国台湾、新加坡和伦敦也开始发展人民币离岸业务。欧洲大陆的卢森堡、法兰克福和巴黎等地也在人民币贸易清算和交易等领域开始起步。在欧洲、北美和中东等重要城市，人民币清算银行纷纷建立，这为人民币业务的后续发展奠定了基础。人民币清算行这一“遍地开花”势头，得益于政策推动，更重要的是市场需求的结果。这同时也对各个人民币离岸市场之间的关系提出了新的课题。比如，如何在不同市场、中心之间进行分工、合作，以及如何形成良性竞争关系。Subacchi 和 Huang（2012）认为香港将成为人民币资金的主要集散地，伦敦将成为人民币离岸中心。

与人民币离岸市场平行发展的同时，中国政府于 2013 年 9 月决定成立上海自由贸易区（SFTZ），目的是通过局部资本项目开放，在上海建设人民币在岸（onshore）市场。在人民币可兑换性持续扩大、自贸区模式可复制，以及资本开放风险可控的原则下，上海自贸区成为人民币国际化新的“试验场”。特别是通过设立外汇交易账户（FT），在上海注册的机构可以享受最大的人民币自由可兑换程度。比如，注册机构可以以离岸市场、非官方干预的人民币汇率（CNH）从事兑换，不受结汇实践和头寸的限制，母公司与子公司之间可以进行人民币资金的转移，等等。2015 年，上海自贸区模式已经扩展至天津、广东和福建。随着自贸区模式在全国的逐渐延伸，人民币可兑换程度将由点到面铺开，这为人民币实现全面的可兑换性形成压力，也对国内利率市场化等金融改革提出了要求。

三　人民币国际化与金融改革

在过去几年间，中国用得最多的逻辑就是“倒逼机制”，以人民币国际化的大旗倒逼资本项目的开放，以资本项目的开放倒逼国内金融体系的改革。从 2009 年至今，这种倒逼机制在实践中是相当成功的，而且中国做到了将资本项目开放与人民币国际化战略互动，也真正开始了国内金融体系改革的进程。在这样的背景下，如何将倒逼逻辑理顺，如何在资本开放的同时化解金融风险，如何通过发展国内金融市场促进国际货币的使用，是人民币国际化下一步的重要课题。

（一）政策次序安排

政策次序如何安排一直以来是人民币国际化战略的核心问题。这其中，资本项目开放、人民币汇率弹性以及国内金融改革之间的先后次序，成为讨论的焦点。资本项目开放，是人民币可自由使用的重要条件。然而，在人民币汇率具有充分弹性之前快速实现资本项目开放，这对汇率稳定造成威胁。更进一步，在国内金融管制存在、金融市场发育程度较低的条件下，快速开放资本项目将导致严重的金融体系风险。1997—1998 年亚洲金融危机之前，许多亚洲国家采取固定汇率和资本自由流动这一政策组合，其结果是货币危机的爆发。理论上存在的中央银行货币政策独立性、资本项目开放和汇率灵活性之间“不可能三角”的关系，在实践中则表现为决策者在进行政策排序中所面临的一系列挑战。谨慎而现实的做法，是将资本项目开放、汇率制度改革以及国内金融市场建设几项措施并行推进。

（二）汇率灵活性

在汇率政策方面，中国于 2005 年将钉住单一美元汇率制度改变为参考一篮子的管理汇率制度。在随后的几年间，中国人民银行又先后多次扩大了波动区间，人民币波动幅度不断增大。自 2005 年 7 月汇率改革之后，人民币相对美元经历了大幅度升值。与此同时，伴随资本项目的逐步开放，人民币交易也日趋活跃，人民币汇率也形成了 3 个市场并存的局面：人民币在岸官方汇率（CNY）、人民币离岸远期非交割汇率（NDF），以及人民币离岸即期汇率（CNH）。在人民币的这 3 种定价之间也形成了互动关系，以价差为基础进行的人民币套利活动日益活跃。套利活动具有双重作用：活跃市场交易和影响金融稳定性。因此，人民币套利活动的扩大将跨境资本流动与人民币汇率水平之间建立起更为密切的联系的同时，对官方冲销干预的效果和维持汇率稳定的能力也带来了巨大的挑战。

到了2015年，汇率改革的压力再度升温。这其中的原因，其一是中国的贸易形势比较严峻，虽然人民币兑美元汇率相对稳定，但人民币对欧元和日元，以及人民币贸易加权汇率都在相对升值，这在一定程度上损害出口竞争力。更重要的原因是，国际货币基金组织在2015年针对人民币加入特别提款权的技术指标进行全面评估，在各项指标中，人民币汇率由于存在不同的汇率，基金组织认为这是人民币加入特别提款权的技术障碍。为此，中国人民银行在2015年8月11日决定放松对人民币汇率中间价格的干预，以希望在岸和离岸汇率统一，从而消除基金组织的顾虑。然而，实际情况是，由于存在贬值预期，短期过度冲击严重，汇差出现严重背离（见图4）。由于担心进一步贬值和对资本流出的进一步刺激，中国人民银行不得不动用外汇储备进行干预。无论如何，

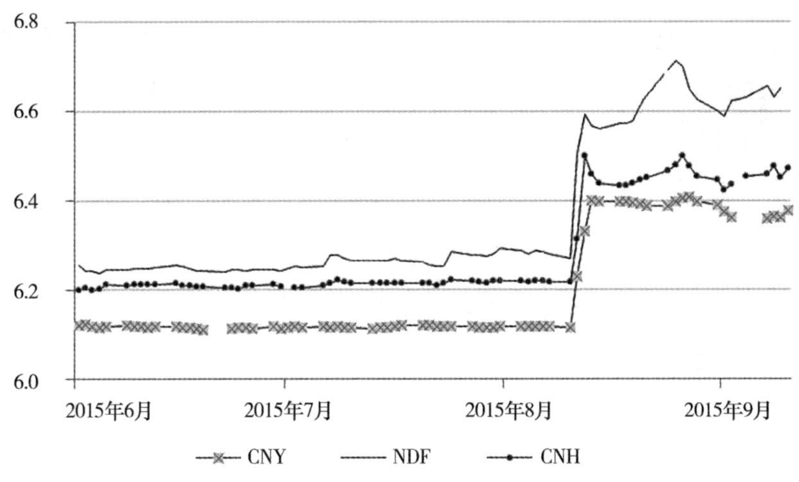

图4　人民币汇率走势（2015年6月至9月）

说明：CNY为人民币在岸官方汇率；NDF为人民币离岸远期非交割10月期汇率；CNH为人民币离岸即期汇率。

资料来源：万德数据库。

从长期目标看，这次汇改推进人民币汇率制度的灵活性，为进一步开放资本项目，同时确保国内货币政策的独立性创造了条件，这有利于人民币国际化的长期发展。

（三）资本项目开放

在资本项目开放方面，中国于1996年接受IMF第八条条款，解除对经常项目的外汇管制。然而在资本项目开放方面，中国一直遵循谨慎、渐进原则。然而，从2012年以来，伴随着人民币国际化进程的推进，中国资本项目开放速度也不断加快。以往，中国官方很少针对资本项目开放公开具体的时间表，也没有对开放各个阶段的目标和时限进行承诺，其目的是为其他政策调整留有余地。但是，中国人民银行于2012年以非官方形式发布的一项研究结果，在事实上给出了资本项目开放的时间表（中国人民银行调查统计司课题组，2012）。这项研究针对不同的资本项目类别，根据开放风险程度的高低对开放阶段进行了排序。其中，对风险较高的衍生品等市场，其开放所带来的风险较高，适合放在最后阶段完成。而对风险较低的直接投资和商业贷款项目，在较短段时间内全面开放。

然而，针对资本项目开放的速度和模式一直有很大的争议。这其中的主要考虑，是在国内金融市场不发达、金融市场化程度较低的情况下快速开放所会造成突发的金融风险。具体来看，反对资本项目快速开放的理由包括如下三点。一是快速的资本开放会诱发大规模、顺周期的短期资本流动，对金融稳定造成冲击。除非货币当局装备了一套完善的资本管理审慎措施工具，否则放弃了资本管制等于放弃金融稳定的最后一道防线。二是在全球经济复苏不稳定的情况下，长期低息环境和大规模量化宽松政策影响下，全球流动性迅速增加，资本流动溢出效应有加大之势，中国作为新兴市场国家更是处于接受溢出效应的被动地位，比如发达国家货币政策出现明确的分化，资本大规模外流将持续扩大。三是资本项目开放通常被视为人民币国际化的前提条件，但是快速的开放引致大规模的不稳定性套利活动，其最终结果反倒成为人民币国际化进程的阻碍力量（余永定，2011）。在2020年之前中国有望实现人民币完全可兑换，这一政策目标已定，问题是在这一进程中如何将随之而来的各种风险降至最低，才是中国决策当局面临的真正挑战。

（四）资本流动的审慎管理工具

针对资本管制，前一时期的讨论主要集中在如何去除资本管制。而当中国的资本项目开放已不能走回头路，则需要制定一套完善的资本流动的审慎措施（prudential measures）。资本流动审慎管理与资本管制有本质的区别。前者主要是通过价格对资本流动进行管理，后者是一种行政干预。从资本管制向审慎管理过渡，是中国金融开放平稳推进的重要保障。

当资本项目开放，市场不断向深度发展的时候，对本币资产的需求来自居民，也来自非居民。对本币的需求会远远超出于以商业为目的的货币需求，其表现是该货币资产总的流动规模巨大，可能是大进，可能是大出，也可能是同时大进和大出。在这种情况下，在某个时点的净流动（net flow）意义有限，而总流动（gross flow）才反映对该货币的渴求程度。这就出现了一个问题：资本流动总量到底对本国金融和宏观经济稳定有什么影响？通常，总资本流动所表现出的特征比净流动更具有易变性、顺周期性、危机时的收缩性，同时表现为对包括直接投资在内的全部资本流动形态之间的扩散性。这些特征，特别是在极端情况下出现的资本急停（sudden stop）或资本外逃（capital flight），在新兴经济体的表现相当明显。因此，总资本流动对宏观经济和金融稳定更具有挑战性。

现在关注资本项目开放，这与中国长期资本管制有关，但在开放的同时，真正意义上审慎监管框架仍然缺失。换而言之，当放弃了第一道甚至是最后一道防线的资本管制之后，针对金融稳定风险，中国需要常备的资本流动管理工具，比如外汇敞口限制、外币资产投资限制、外币贷款限制和外币准备金要求等对国内金融机构歧视性外汇政策。上述措施在很多国家的运用是非常成功的，国际基金货币组织也有一套工具建议。

（五）国内金融结构

国内的金融结构是影响货币国际使用的一个重要因素。通常，市场主导或者直接融资主导的金融体系，要比银行主导或间接融资主导的金融体系，更容易扩大与金融交易有关的货币职能。美元的例子比较显而易见，因为美国是典型的市场主导的金融体系。欧元区是以德国为代表的银行主导型的金融体系为主。欧元在刚刚推出的时候，在前几年还是比较成功的，主要原因是欧元区固定收益市场的极大发展，再加上欧元区统一的支付系统，这是欧元挤掉美元计价债券市场份额的重要原因。

如前所述，总资本流量与货币的国际使用程度正相关。通常，有最低交易成本或者具有最大交易规模的货币，容易成为载体货币（vehicle currency）。目前人民币的国际使用主要与贸易交易有关，而且主要是有本国居民（企业）参与的交易。而从国际货币职能看，载体货币，也就是作为第三方货币，交易双方都是非居民，才是最主要的国际货币职能。美元的国际货币地位之所以强大，主要是因其一直以来是国际交易中最大的第三方货币。更重要的是，载体货币具有功能的延伸性，通常载体货币容易被用作汇率政策中的锚货币、官方对外汇市场的干预货币，以及作为一国官方外汇储备货币资产的一部分。上述分析的含义在于，载体货币职能不是靠双边货币互换来实现的，贸易规模也仅仅起到局部的作用。载体货币主要依赖金融市场交易，因为金融交易量远远大于贸易交易量，而且金融交易不受地理限制。从这种意义上讲，国内金融市场的发展将为人民币载体货币功能的提升创造一个巨大的空间，是提升人民币市场需求的一个很重要的途径。

中国的金融结构在传统上以银行业为主体。然而，近十年来银行业在国内金融总资产中的比重有所下降。2016 年人民币贷款占同期社会融资总规模的 67.4%，而在 2006 年这一比重为 82.0%。相比之下，企业债券融资、委托贷款等直接融资比重在同一时期有所增加。其中，包括企业债券和股票在内的直接融资比重从 5.7% 提高到 6.2%。尽管如此，这一比例仍然较低。发展国内直接融资市场是进一步推进人民币国际化的重要步骤。一个货币在国际竞技场上的成功，首先要求它在本国市场上的成功，因为本国金融市场的效率是货币竞争力的主要来源。人民币要成为国际货币，它必须要有一个具有高度流动性的国内金融市场的支撑。因此，目前中国开始推进的资产证券化进程，将对人民币国际化程度产生深远的影响。

（六）“一带一路”倡议与人民币国际化相辅相成

2013 年，中国国家主席习近平提出中国的“一带一路”倡议（BRI）。“一带一路”倡议被普遍认为是未来若干年全球化的中国版本，是中国参与国际市场，推动世界经济一体化，促进全球经济增长和发展的重要举措。事实上，“一带一路”倡议是一个多维度的国际合作倡议，其范畴涵盖战略和政策、基础设施和互联互通、贸易和投资、金融、文化和人文合作。“一带一路”倡议有助于世界经济增长。首先，“一带一路”倡议支持开放和对等的市场准入。其次，“一带一路”倡议有助于优化资源配置，促进储蓄转化为长期投资，从而带动经济发展。最后，“一带一路”倡议将带来沿线经济体的贸易和投资，提高就业，增加当地的税收。

“一带一路”倡议的实施以项目为基础，需要大量的资金支持。2017 年 5 月在中国召开的“一带一路”峰会期间，中国与沿线国家签署了 270 项协议。目前看“一带一路”倡议的融资渠道主要包括这样几个来源。一是中国国家开发银行；二是中国的四大国有商业银行。至 2016 年底，四大银行拥有 1. 5 亿美元的未偿融资额，并额外获得了用于基础设施贷款、产能合作以及金融合作的 2. 5 亿美元定向贷款额度。这其中，中国工商银行是最大的涉足“一带一路”融资的商业银行。丝路基金特别为“一带一路”融资而设立，已获得 40 亿美元贷款额度以及额外的 1000 亿美元的注资。此外，新成立的多边金融机构，如金砖开发银行和亚洲基础设施投资银行的投资项目从地域看也将与“一带一路”项目有所交集。一些双边的开发性基金，如中俄基金等也相应设立，将成为“一带一路”项目融资的组成部分。

人民币国际化将在“一带一路”倡议推进中发挥重要的作用。中国的银行机构将会积极以人民币提供项目融资贷款，特别是以人民币购买“一带一路”项目中中国企业所提供的设备和产品。中国公司在境外或外国公司在中国境内也可以发行人民币债券，用于“一带一路”项目融资。人民币清算中心和金融基础设施的不断完善也将更便利地服务于人民币的境外交易。一些为“一带一路”融资提供便利的国际金融中心也将积极参与人民币业务。随着贸易和投资关系日趋紧密，“一带一路”沿线国家的货币当局也将与中国的中央银行合作，增加人民币在储备货币组合中的比重，人民币作为官方资产的作用将有所提升。

（七）金融改革下一步

中国金融的改革和开放的节奏将决定人民币国际化下一步的发展。根据中国人民银行的设想，“中国人民银行将继续按照‘成熟一项、推出一项’的原则，有序推进人民币资本项目可兑换，在风险可控的前提下，进一步提高人民币可兑换、可自由使用程度，更好地满足实体经济的需求。一是继续加快推动包括股票市场、债券市场和外汇市场在内的金融市场双向有序开放。二是进一步扩大合格投资者主体资格，增加投资额度。条件成熟时，取消资格和额度审批，将相关投资便利扩大到更多的境内外合格投资者。三是修改《中华人民共和国外汇管理条例》，并清理相关法律法规，将资本项目可兑换纳入法制框架。四是建立与国际金融市场相适应的会计准则、监管规则和法律规章，提升金融市场国际化水平。五是深入研究外债和资本跨境流动管理的宏观审慎政策框架，建立健全有效的风险预警和防控体系”（PBOC，2017）。由此可见，实现人民币可兑换的设想仍以渐进性为原则，这综合考虑了资本开放与金融稳定之间的平衡关系。

人民币汇率制度改革也将决定未来人民币国际化进程。2016年，伴随人民币贬值、经济增速减缓和美联储加息预期的影响，中国资本项目出现大规模的净流出。在这种情况下，中国采取收紧资本管理，特别是加强对资本流出的限制。与此同时，在汇率方面，中国人民银行致力于稳定汇率，不惜以消耗外汇储备为代价，尽可能阻止进一步贬值预期。2016 年 12 月，中国人民银行采用新的人民币定价机制，将人民币中间价钉住外汇交易中心系统（CFETS），并随后在 2017 年初引入“逆周期因子”作为调节汇率过度波动的工具。尽管汇率灵活性高低与货币国际化没有直接的关联，但是灵活的汇率将为资本开放提供更大的空间，而后者对人民币国际化使用程度至关重要。考虑到政策领域的所谓“三难选择”——资本开放、固定汇率和独立的货币政策这三项目标只能同时实现两项，这样，在保持货币政策独立性的前提下，如果维持一定程度的资本开放，就需要放弃固定汇率目标。从中长期看，中国需要一个灵活的货币制度，这将有助于推动人民币国际化未来的发展。

结　论

中国加入 WTO 被视为通过引入外在压力和国外竞争，为国内改革形成“倒逼机制”的成功典范。十年之后，当中国进入国内改革深水区，需要再度寻求改革动力之时，外在压力再度为打破国内瓶颈助力。人民币国际化战略在相当程度上为中国进一步去除金融管制形成倒逼机制。

人民币国际化的推进过程要比结果更为重要。人民币国际化是个系统工程，它关系到中国资本项目开放、国内金融改革以及人民币汇率政策等一系列政策调整。在这方面，日元国际化经验为人民币提供了很好的借鉴。尽管日元国际化程度低于当初的预期，但是日本在推行日元国际化战略过程中成功地实现了国内金融自由化，并有序地开放了资本项目，从这个角度看，日元国际化的过程比结果更有意义。

人民币国际化需要政策推动，但更重要的是市场选择。从国际货币体系改革角度，尽管本次危机为人民币国际化带来了外部契机，但是人民币要在未来成为真正的国际货币，这既取决于中国国内开放和改革进程，也取决于国际社会对人民币的接受程度。而后者将主要由市场力量决定。市场力量从何而来？其决定因素很多，这其中，人民币是否能够依托于一个具有充分流动性、广度和深度的国内金融市场，这在相当程度上决定人民币市场吸引力的大小。

从国际货币格局看，人民币国际化是国际储备货币多元化的组成部分。人民币将与其他主要货币并驾齐驱，为全球提供多一个安全资产的选项，这对弥补全球安全资产不足大有益处。与此同时，中国不断加深参与全球金融治理的程度，这有助于完善国际金融体系，使之趋向更公平、更稳定和更公正。

参考文献

1. BIS. *Triennial Central Bank Survey of Foreign Exchange and Derivatives Market Activity*. April 2016.

2. Chinn, Menzie and Jeffrey Frankel. Will the Euro Eventually Surpass the Dollar as Leading International Reserve Currency? *NBER Working Paper*. No. 11510. 2012.

3. Eichengreen, Barry. *Exorbitant Privilege: The Rise and fall of the Dollar and the Future of the International Monetary System*. Oxford University Press. 2011.

4. Gao, Haihong. Internationalization of the Renminbi and Its Implications for Monetary Policy, in Chang Shu and Wensheng Peng (Eds.), *Currency Internationalization: International Experiences and Implications for the Renminbi*. Palgrave Macmillan, 209 – 220. 2010.

5. Gao, Haihong and Yongding, Yu. Internationalization of the Renminbi in: Cur-

rency Internationalization: Lessons from the Global Financial Crisis and Prospects for the Future in Asia and the Pacific. *BIS paper*, No. 61, pp. 105 – 124. 2012.

6. Ito, Takatoshi. A New Financial Order in Asia: Will a RMB Bloc Emerge? *Journal of International Money and Finance*. Vol. 74, pp. 232 – 257. 2017.

7. Ito, Takatoshi. The internationalization of the RMB: Opportunities and Pitfalls. Prepared for Symposium The Future of the International Monetary System and the Role of the Renminbi. Organized by the Council on Foreign Relations and China Development Research Foundation. November. 2011.

8. Kawai, Masahiro and Pontines, Victor. The Renminbi and Exchange Rate Regimes in East Asia. *ADBI Working Paper* No. 484. 2014.

9. Kawai, Masahiro and Shinji Takagi. The RMB as a Key International Currency? Lessons from the Japanese Experience. Notes Prepared for the Asia-Europe Economic Forum, January 10 – 11. 2011.

10. Kenen, Peter. Currency Internationalization: An Overview in Currency Internationalization: Lessons from the Global Financial Crisis and Prospects for the Future in Asia and the Pacific. *BIS Papers*, No. 61. pp. 9 – 18. 2012.

11. Krugman, Paul. China's Dollar Trap. http: //nytimes. com/2009/04/03/opinion/03krugman. htm.

12. McCauley, Robert. Renminbi Internationalization and China's Financial Development. *BIS Quarterly Review*, December 2011. 41 – 56.

13. McKinnon, Ronard and Gunther Schnabl. The Return to Soft Dollar Pegging in East Asia: Mitigating Conflicted Virtue. *International Finance*. 7: 2. pp. 169 – 201. 2004.

14. PBOC. RMB Internationalization Annual Report. 2017.

15. Prasad, Eswar and Lei Ye. The Renminbi's Role in the Global Monetary System. *IZA Discussion Paper* No. 6335. 2012.

16. Prasad, Eswar. Gaining Currency: *The Rise of the Renminbi. New York: Oxford University Press*. 2017.

17. RCIF "人民币国际化争论辨析", RCIF, *Policy Brief*, No. 2011.

050, 2011。

18. Shu, Chang, Dong He and Xin Cheng. One Currency, Two Markets: The Renminbi's Growing Influence in Asia-Pacific. *China Economic Review* 33. 163 - 178. 2015.

19. Subacchi, Paola and Helen Huang. The Connecting Dots of China's Renminbi Strategy: London and Hong Kong. *Chatham House Briefing Paper*. September 2012.

20. Takagi, Shinji. Internationalizing the Yen, 1984 - 2003: Unfinished Agenda or Mission impossible? *BIS paper* No. 61. 75 - 92. 2012.

21. 余永定:《人民币国际化路径再思考》, RCIF, *Policy Brief*, No. 2011, 056, 2011。

22. 张斌:《人民币国际化: 颠倒的次序》, RCIF, *Policy Brief*, No. 2011, 036, 2011。

23. 张明:《人民币国际化: 在岸和离岸市场》, RCIF, *Working Paper*, No. 2011, W09, 2011。

24. 中国人民银行调查统计司课题组:《我国加速开放资本账户开放条件基本成熟》,《中国证券报》2012 年 2 月 23 日。

加入 SDR 后的人民币及其国际化趋势

王朝阳*

2015 年 11 月 30 日，国际货币基金组织正式宣布，人民币将于 2016 年 10 月 1 日加入 SDR 货币篮子。进入之后，人民币将成为第三大篮子货币，美元、欧元、人民币、英镑、日元的占比分别为 41.73%、30.93%、10.92%、8.33%、8.09%。时至今日，人民币正式被纳入 SDR 货币篮子已经一周年，一年来中国金融改革发生了哪些变化？人民币国际化有什么新的进展？如何让 SDR 在未来国际货币体系和国际金融治理中发挥更重要的作用？未来人民币国际化的着力点和趋势如何？本文拟对此进行一些分析和探讨。

一　加入 SDR 后中国金融改革的新变化

2015 年 10 月召开的中共十八届五中全会通过的“十三五”规划建议提出，“有序实现人民币资本项目可兑换，推动人民币加入

---

* 王朝阳，中国社会科学院财经战略研究院研究员，《财贸经济》编辑部主任。

特别提款权，成为可兑换、可自由使用货币”，这对人民币国际化提出了具体、明确的目标要求。与人民币国际化相关的重要领域包括利率市场化改革、汇率机制建设以及资本项目开放，近年来中国在这三个方面的金融改革都取得一些积极进展。

在利率市场化方面，2016 年以来，中国利率市场化改革大步迈进。一是加强金融市场基准利率体系的培育。培育以上海银行间同业拆借利率（Shibor）、国债收益率曲线和贷款基础利率（LPR）等为代表的金融市场基准利率体系，为金融产品的定价提供重要参考。2016 年 6 月 15 日起，中国人民银行网站开始发布中国国债收益率曲线，提高市场主体对国债收益率曲线的关注和使用程度，进一步夯实国债收益率曲线的基准性。二是完善市场利率定价自律机制。自律机制成员范围进一步拓宽，目前已经扩大至 1712 家，包括 12 家核心成员、988 家基础成员和 712 家观察成员，同时，省级自律机制也得到进一步完善。三是推进金融产品创新。有序扩大存单发行主体范围，规范推进同业存单、大额存单发行交易。

在汇率机制建设方面，中国国务院总理李克强在 2017 年的政府工作报告中指出，要坚持汇率市场化改革方向，保持人民币在全球货币体系中的稳定地位。中国自 2005 年 7 月 21 日发布的汇率形成机制改革方案以来，此后 10 年间较显著的变化是两次扩大汇率浮动区间，即 2012 年 4 月和 2014 年 3 月，即期外汇市场人民币兑美元交易价的日浮动幅度先是由 0.5% 扩大至 1%，然后又进一步由 1% 扩大至 2%。2015 年 8 月 11 日，中国人民银行宣布进一步完善人民币兑美元汇率中间价报价机制，“做市商在每日银行间外汇市场开盘前，参考上日银行间外汇市场收盘汇率，综合考虑外汇供求情况以及国际主要货币汇率变化向中国外汇交易中心提供中间价报价”，使人民币兑美元汇率中间价的市场化程度和基准性得到进一步加强。为避免美元汇率日间变化在次日中间价中重复反映，2017 年 5 月，人民币对美元中间价形成机制调整为“收盘汇率 + 一篮子货币汇率变化 + 逆周期调节因子”。人民币兑美元双向浮动弹性显著增强，兑一篮子货币汇率即保持基本稳定也显现出明显的双向波动态势，市场供求在人民币汇率决定中的作用进一步显现。

在资本项目开放方面，自 2009 年 7 月跨境贸易人民币结算试点以来，跨境人民币业务从无到有，规模从小到大，企业用本币计价结算节约了汇兑成本、降低了汇率风险。特别是 2013 年 9 月 18 日，国务院批准并印发《中国（上海）自由贸易试验区总体方案》，强调建立中国（上海）自由贸易试验区，自贸区随后推出的各项配套政策为金融开放积累了新的经验。2014 年，管理当局顺利推出沪港股票市场交易互联互通机制，便利境外机构在境内发行人民币债券，进一步简化资本项目外汇管理，人民币资本项目可兑换继续稳步推进。2015 年 10 月，中国人民银行联合相关部门又印发《进一步推进中国（上海）自由贸易试验区金融开放创新试点　加快上海国际金融中心建设方案》，其中提出“率先实现人民币资本项目可兑换”。2016 年，在全国范围内实施全口径跨境融资宏观审慎管理，助力人民币合格境外机构使用人民币投资银行间债券市场，更多类型境外主体可在境内发行人民币债券；简化人民币合格境外机构投资者管理；优化“沪港通”机制，取消总额度限制，启动深港通。有序推进人民币资本项目可兑换，能够促进资源的有效配置，助推经济的稳定发展。

二 加入 SDR 后人民币国际化的新形势

（一）出口贸易

进出口贸易是货币国际化的现实基础，出口贸易对货币国际化的推动尤其明显。世界贸易组织（WTO）的数据显示，中国是全球商品出口的第一大国，2016 年中国商品出口规模为 2.10 万亿美元，占全球出口的比重为 13.15%，高于美国的 9.12%、德国的 8.40%、日本的 4.04% 及荷兰的 3.57%（见图 1）；2016 年中国商务服务贸易出口 2072.75 亿美元，占世界服务贸易出口比重为 4.31%，低于美国的 15.24%、英国的 6.73%、德国的 5.57% 及法国的 4.90%，全球排名第五位（见图 2）。中国商品贸易和服务贸易的总量和超过美国，位居全球第二，仅次于欧盟。

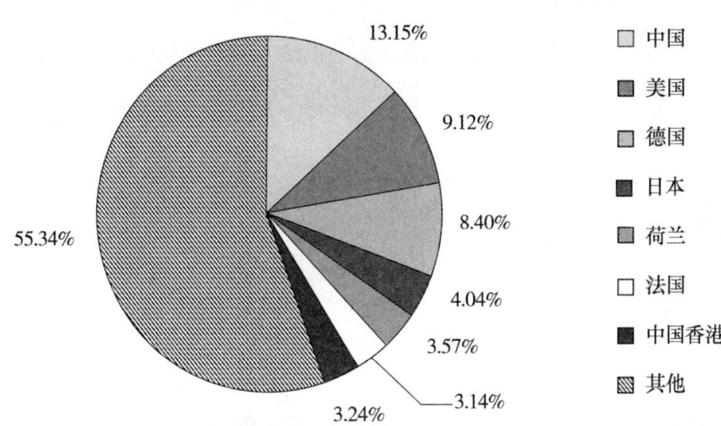

图 1 各国家和地区货物出口额占全球货物出口额比重（%）

资料来源：世界贸易组织。

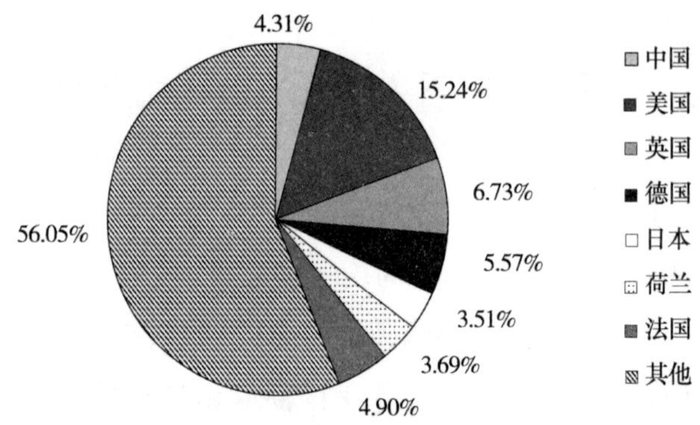

图 2　各国服务贸易出口额占全球服务贸易出口额的比重（%）

资料来源：世界贸易组织。

（二）国际支付和结算

在人民币作为世界支付货币方面，SWIFT 在 2016 年 12 月的跟踪数据显示，人民币全球支付占比跌至 1.68%，人民币交易使用量排名第六，排在前五位的是美元（42.09%）、欧元（31.30%）、英镑（7.20%）、日元（3.40%）和加元（1.93%）。SWIFT 认为，人民币全球支付占比下跌，或与国内经济增速放缓、资本管

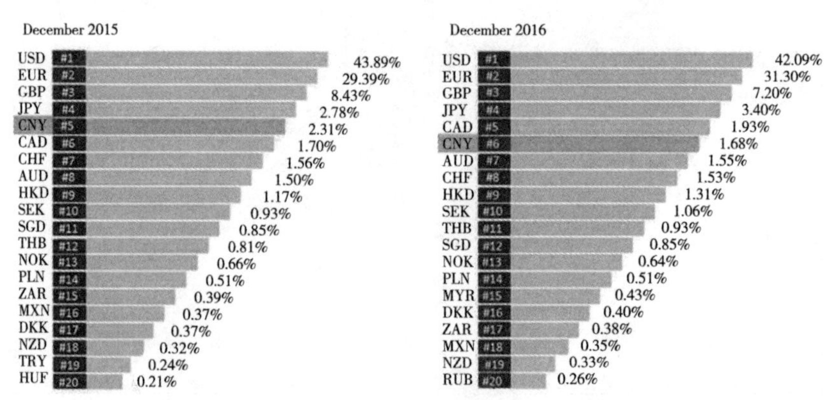

图 3　国际支付和结算货币占比（%）

资料来源：SWIFT。

制及人民币汇率波动有关。但随着人民币跨境支付系统（CIPS）的推出以及离岸人民币中心数量的增多，人民币的国际支付地位未来有望得到进一步加强。

（三）官方储备资产

根据 IMF 的外汇储备构成（COFER）数据，到 2017 年 7 月，全球外汇储备中前四位货币是美元（63.79%）、欧元（19.91%）、日元（4.64%）和英镑（4.41%），紧随其后的是加元（1.95%）、澳元（1.77%）、人民币（1.07%）和瑞士法郎（0.17%）及其他（2.30%）（见图 4）。在人民币正式加入 SDR 后，人民币储备货币的地位逐渐被认可，越来越多的央行和货币当局把人民币作为其储备资产。2017 年上半年，欧洲央行共增加等值 5 亿欧元的人民币外汇储备。此外，新加坡、俄罗斯等 60 多个国家和地区将人民币纳入外汇储备。

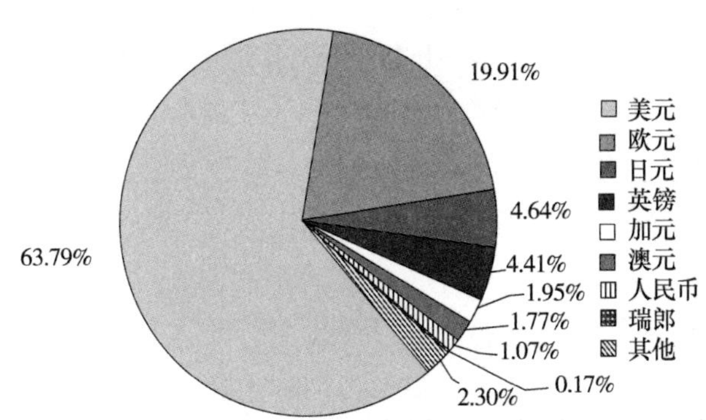

图 4　世界各国官方外汇储备中的货币结构（%）

资料来源：IMF Statistics Department COFER database and International Financial Statistics。

（四）外汇交易

根据国际清算银行（BIS）的统计，从全球外汇市场交易额的货币分布来看，到2016年4月，人民币排在第8位（2%），前七位分别是美元（44%）、欧元（15.5%）、日元（11%）、英镑（6.5%）、澳元（3.5%）、加元（2.5%）和瑞士法郎（2.5%）（见表1）。与此前的统计年份2013年相比，人民币上升了一个名次。

表1　**全球外汇市场成交量的货币结构（%）**

货币	2004年		2007年		2010年		2013年		2016年	
	份额	排名	份额	排名	份额	排名	份额	排名	份额	排名
美元	88.0	1	85.6	1	84.9	1	87.0	1	88	1
欧元	37.4	2	37.0	2	39.1	2	33.4	2	31	2
日元	20.8	3	17.2	3	19.0	3	23.0	3	22	3
英镑	16.5	4	14.9	4	12.9	4	11.8	4	13	4
澳元	6.0	6	6.6	6	7.6	5	8.6	5	7	5
加元	4.2	7	4.3	7	5.3	7	4.6	7	5	6
瑞郎	6.0	5	6.8	5	6.3	6	5.2	6	5	7
人民币	0.1	29	0.5	20	0.9	17	2.2	9	4	8

注：（1）因为每笔交易中都涉及两种货币，各种货币所占比重的总和是200%，因此外汇交易额中的货币实际所占比重是表中数值的一半。（2）该数据每3年更新一次，以4月份平均日成交量为基准计算百分比。

资料来源：国际清算银行（BIS）。

三　让SDR在国际货币体系中发挥更重要的作用

人民币加入SDR的意义不仅在于提升人民币的国际地位，更重要的是要让SDR在国际货币体系中发挥更重要的作用，并以此推动国际货币体系的改革和发展。从未来的工作重点来看，一方面，应在原有IMF的传统官方SDR框架外，推动SDR的市场运用

(M - SDR) 和 SDR 在全球金融体系中的计价功能。2017 年 8 月，世界银行率先发行了以 SDR 计价的债券，这是 1981 年来首个 SDR 债券，就是一个很好的尝试。另一方面，应探索推出更多基于 SDR 的金融产品，比如原油期货市场的交易结算等，推动 SDR 产品在全球更大范围使用。之所以让 SDR 在国际货币体系中发挥更重要的作用，是基于如下三点原因。

（一）SDR 有助于进一步推动国际货币体系改革

2008 年爆发的金融危机，表明现行国际货币体系并不能约束美元的发行，造成全球流动性泛滥，并引发巨大的金融风险。周小川曾指出，必须改革和完善国际货币体系，推动国际储备货币向着币值稳定、供应有序、总量可调的方向完善，才能从根本上维护全球经济金融稳定（周小川，2009）。就此而言，SDR 恰好具有超主权储备货币的特征和潜力，同时也具有相应的制度基础，因此其改革和使用将深刻影响国际货币体系。

从设立 SDR 的历程可以看出，SDR 的设立是为了弥补国际流动性和储备的不足，替代美元国际货币的部分职能，是基于超主权货币的考虑而设立的。目前，SDR 主要应用计价单位和储藏手段的职能，市场化程度低，但 SDR 及其设计框架符合国际储备货币的基础条件，可以为国际货币体系提供新的“锚”。因为通常来说，国际储备货币应该有三个基础条件：一是币值具有稳定的基准且具有准确的发行规则；二是货币供给总量可以根据需求进行灵活的调节；三是供给规模的调整不是基于单一的经济体，而是基于全球经济。因此，SDR 基本符合国际储备货币的基础条件。

当前，国际货币体系的根本缺陷是国际储备货币对单一主权国家货币美元存在着过度依赖。解决这一问题有两种方案，一是建立一种超主权的国际储备货币；二是建立多元储备货币体系。SDR有成为超主权货币的基础，其职能和地位的加强与提升，对改善由美元主导的国际货币体系的缺陷将起到重大作用。IMF在相关报告（IMF，2017）中也指出，如果有更多的货币加入到SDR中，SDR的合法性和权威性将获得提高，SDR成为国际货币体系的新的名义锚的可能性将增大。在如今的国际货币体系下，美元仍然面临特里芬难题，即实现国内经济目标和满足全球经济对流动性和储备货币的需求不可兼得。一旦SDR成为超主权货币，美元就可以专注于国内经济目标，而全球经济将获得新的流动性和储备机制，并降低对美元的依赖。

（二）SDR有助于反映世界经济力量格局的变化

SDR的常态化分配体现了世界经济中主要经济力量格局的变化，有利于国际货币体系的平稳运行。SDR的运用及充分发挥职能，需要国际货币体系的相关改革与之配合。SDR发行机制需要相应的发行约束机制或储备机制，这将可能导致替代账户机制的建立和完善。事实上，早在20世纪70年代，IMF曾经为防止汇率的过度波动，提出了替代账户制度作为储备资产多元化的备选方案。20世纪70年代末，美元持续贬值且外汇储备多元化趋势逐渐形成，IMF对替代账户制度做过详细的规划；但到20世纪80年代，美国实行紧缩性货币政策，美元开始走强，加之美国的强烈反对，替代账户制度以失败告终。[①]

事实上，替代账户是基于SDR的具备市场化特征的开放式基

---

① 替代账户的运行机制大致如下：成员国将闲置的外汇储备暂存进替代账户并将其替换成SDR债权，替代账户管理人将暂存的外汇储备投资于美元的长期资产和其他货币资产，替代账户向成员国提供SDR债权的利息，替代账户管理人采取措施使得SDR能够正常发挥储备资产的职能。

金，各成员国用储备货币购买替代账户的债务凭证，替代账户在获得美元等国际货币后进行集中管理，将获得的收益用于支付成员国的债权利息。替代账户的价值在于，一是可以在维持储备总量的前提下，提高 SDR 在国际储备体系中的地位，有助于提高当前全球储备体系中 SDR 的比重，并以此促进国际储备体系中储备货币的多元化和有效分散风险；二是可以有效防止债务人坚持美元资产及美元贬值的恶性循环，维护国际储备货币的汇率稳定，进而提高 IMF 的地位。

（三）有助于深化国际间的金融合作与交流

SDR 是一个加权的货币篮子，是一种相对稳定的汇率合作，如果货币篮子能够真实有效地反映出口、交易（储备）和经济规模等变量，那么 SDR 可以作为全球经济变化的指示器。各主要经济体围绕 SDR 货币篮子及相关权重的多边合作与谈判，将成为国际金融合作领域的重要内容。虽然 SDR 成为超主权货币将面临诸多的长期挑战，但 SDR 一旦成为广泛应用的超主权货币，就会成为金融合作的高级形式，对于稳定汇率、促进贸易和增加投资等都将具有积极的促进作用。

四　人民币国际化未来的着力点和思路

人民币国际化是人民币在地域上从区域到全球，以及在功能上从结算货币到储备货币乃至锚货币逐步拓展的长期过程，需要与金融市场的培育、监管体系和调控体系的完善相结合，需要与资本流动渠道、汇率形成机制和经济增长方式的转变相适应，因此是一个系统化的工程。正式成为 SDR 篮子货币对人民币国际化产生了很多积极影响，比如储备货币地位得到正式认可、正式成为IMF官方交易货币、人民币资产自动配置需求和吸引力持续上升等，这都有助于维护人民币汇率稳定，提升人民币国际使用和资产吸引力。但是，中国在经济运行机制、宏观政策框架、金融市场开发程度资本项目可兑换等方面距离其他主要储备货币发行国仍有一定差距，在推进人民币国际化的过程中不能操之过急，而只能以审慎、稳健的原则推进。

（一）以“一带一路”倡议为依托，逐步实现人民币国际化由经常账户项下向资本账户项下的转变

当前，中国正在推动“一带一路”倡议，并提出了“五通”的思路，包括政策沟通、道路联通、贸易畅通、货币流通和民心相通。对沿线国家和地区来说，除了贸易往来和交易结算之外，更欢迎中国的对外投资，特别是在基础设施互联互通、制造业领域合作等迫切需要资金的融通。以此为依托，人民币国际化在地域上可以实现从周边国家到周边地区再到全球的扩展，在使用范围上可以实现从贸易支付结算到跨境直接投资的扩展。随着这个范围的不断扩大，人民币作为金融市场工具计价和外汇储备贮藏的功能将具备更扎实的基础，届时人民币国际化将提升到更高的水平。

（二）统筹推进金融改革，为人民币国际化创造良好的环境

从国际经验来看，一国的货币的国际化需要相对稳定的汇率，当货币变得更加国际化之后，经济政策操作中原有的外汇渠道的力度将被削弱，并且在国际收支上会产生较大的失衡。金融改革是为了不断提高金融体系的效率，更好地为实体经济特别是当前的经济结构转型升级提供支撑；人民币国际化应该是随着综合实力提升和金融市场成熟，自然而然和水到渠成的结果。就此而言，国内的金融改革，包括利率市场化、汇率市场化和资本项目开放等，仍需要根据国内国际的经济形势与条件，按照既定的思路和原则，有步骤地协调推进。人民币汇率短期内取决于经济政策和形势变化，长期则取决于中国的综合国力，因此人民币汇率将保持相对稳定的态势。但是，为了应对可能产生的国际收支失衡，需要在经济政策上提前有所准备，包括财政政策、货币政策、产业政策和社会政策都应对此有相应变化。

（三）切实做好人民币国际化过程中的风险防范工作

货币国际化初期主要用作贸易结算与支付，其市场规模受限于贸易规模，在对外投资方面也相对易于管制。但随着国际化水平的提高，当更多的国家在更大规模上把人民币作为储备货币后，特别是当货币成为国际金融市场上的计价货币时，其对发行国的调控能力及管理能力提出了非常高的要求。一旦管理不当，很可能对本国经济与金融市场形成反噬。因此，平衡好人民币国际化和金融风险防范之间的关系至关重要。目前来看，这需要加强对人民币国际化系统重要性金融机构的管理，进一步完善对境外人民币进行宏观审慎管理的框架。

参考文献

1. IMF（2017），*Special Drawing Right*，IMF，http：//www. imf. org/external/np/exr/facts/sdr. htm.

2. 周小川：《关于改革国际货币体系的思考》，2009 年 3 月 23 日，中国人民银行官方网站，http：//www. pbc. gov. cn/detail. asp？ col =4200&id =279。

以离岸市场为依托的人民币国际化是成功的吗?
——基于外汇市场交易模式的评价

程　炼　罗俊如　刘　林*

一　引言

人民币国际化是中国国际金融战略的重要组成部分。相应地，如何对人民币国际化水平进行测度成为政策当局、学界和金融市场关注的热点问题。例如，中国人民银行从2015年开始，每年都会发布《人民币国际化报告》。这一报告主要致力于阐述央行在推动人民币国际化方面的政策措施，其中引用了SWIFT的数据来说明人民币在国际货币支付中所取得的份额。在人民币国际化测度方面具有代表性的研究之一是中国人民大学国际货币研究所发布的“人民币国际化指数”。这一指数综合了人民币在国际贸易结算、国际融资和外汇储备当中的份额来评估其国际化水平。也有一些商业金融机构根据自己的业务需要推出了自己的人民币国际化指数，例如中国银行的“跨境人民币指数”和渣打银行的“人民币全球化指数”等。不同于中国人民大学的“人民币国际化指

* 程炼，中国社会科学院金融研究所研究员；罗俊如，中国科学院大学数学科学学院博士研究生；刘林，英国伦敦劳埃德银行集团应用科学部数据科学家。

数”，这两个商业化指数更多地反映了国际市场中人民币业务的活跃程度而非它的市场份额。此外，还有很多研究讨论了人民币国际化水平的测度框架（如 Chen and Hu，2013；Qiu and He，2013），或者涉及对人民币国际化程度的判断（如 Li and Liu，2010；Lee，2010；Islam and Bashar，2012；Burdekin，2014；Batten and Szilagyi，2013）。

尽管上述人民币国际化水平评估的形式与结果不尽相同，但其测度方法都有一个共同特征，即基于国际货币职能的总量或比例指标，如外汇储备、贸易结算、国际支付、国际证券发行、外汇市场、国外存款等。然而，作为国际货币体系中的“新星”，人民币在其基本国际货币职能上的发展并不平衡，这就很容易导致对于度量指标选择的争议。与此同时，新兴国际货币的另一个特征就是其市场表现具有较大的波动性，因此导致上述国际化指标出现大幅变动。在某些情况下，这种指标选择的偏差与波动不仅会导致对人民币国际化水平的误判，还可能给出错误的政策含义。

本文试图从一个新的视角——外汇市场的交易模式来对人民币的国际化水平进行测度。基于 CLS 提供的外汇市场交易微观结构数据，我们发现具有类似国际化水平的货币在外汇市场交易模式上也具有相似性。根据这一特性，我们构建了一个基于交易网络指标的国际货币特征分析框架，并对人民币的交易模式与其他国际货币进行比较，从而确定它在全球货币体系中的大致地位。我们发现，在外汇市场交易模式上，人民币更接近于美元、欧元等公认的“全球”货币，而与那些区域性的国际货币有着较大的差距。基于上述证据，我们认为基于离岸市场的人民币国际化取得了实质性的进展，而并非单纯升值预期与套利活动所产生的泡沫。但与此同时，人民币与公认的国际主导货币仍然有一定距离，需要进一步提高。

在方法上，本文与金融市场微观结构理论有着密切的关联。尽管这一领域的大部分文献集中在金融市场的价格动态与收益方面，近年来已经有一些基于市场微观结构数据通过网络分析技术来识别市场主体行为特征的研究（如 Cetorelli and Peristiani，2013；Schreiber，2014）。我们的研究在此方向往前更迈进了一步。就我们所知，本文是首个基于外汇市场微观结构数据进行货币国际化水平测度的实证研究。从这一点上看，本文也丰富了金融市场微观结构领域的文献。

本文之后部分的结构安排如下：第二节简要地给出研究的现实背景；第三节讨论研究的理论框架；第四节介绍数据与方法；第五节给出实证结果；第六节讨论研究政策含义。

二　现实背景：人民币离岸市场的发展

以 2009 年跨境贸易人民币结算试点为标志，人民币离岸市场成为人民币国际化的基本手段与支撑点。尽管对于这一人民币国际化路径的可行性与合理性存在一些争议（如殷剑峰，2011），但不可否认的是，人民币离岸市场不仅可以在保持资本项目管制的前提下推进人民币国际化，为未来的资本项目开放提供重要的市场参照系，而且有助于强化与相关经济体的金融联系（如张贤旺，2014）。而中国推进人民币离岸市场发展的政策意图也得到了离岸市场东道国的积极响应。后者希望抓住人民币崛起的机会扩大与中国相关的金融业务，增强金融市场深度和广度，改善金融基础设施，提高自己的国际金融竞争力。在这种情况下，人民币离岸市场获得了迅速的发展。

就基于人民币离岸市场的人民币国际化路线而言，其核心思路是通过相关市场主体对于人民币业务的参与，逐渐扩大人民币在业务类型、交易者和地理区域等各个层面的使用范围，最终实现人民币被各国政府、商业机构和个人广泛接受的目的。从市场参与者的视角来看，这一人民币国际化过程包括三个阶段：

阶段一：与中国有直接贸易或投资关系的市场主体接受人民币支付；

阶段二：离岸市场金融机构为上述市场主体提供人民币金融服务并衍生出相关人民币业务；

阶段三：与中国没有直接贸易或经济联系的市场主体也参与人民币业务并接受人民币支付。

在上述过程中，关键的一步是如何让那些与中国没有直接贸易或其他经济联系的市场主体也愿意接受人民币支付并参与人民币业务。它可以通过两个基本手段来加以实现：

第一，通过升值预期、汇差、利差等手段对于人民币持有者进行补贴，由此产生的人民币需求可以看作一种“投机”需求；

第二，通过以人民币计价并支付的丰富实物与金融产品，诱导市场主体通过将人民币作为中介来获得符合自己需要的产品或资产，由此产生的人民币需求可以看作一种“交易中介”需求。

虽然离岸人民币业务获得了极大发展，但对于这一增长背后的真实动力是否为人民币可接受性的提高则不无质疑。有学者认为，中国香港、中国台湾等地区人民币离岸市场业务的发展实际上是由于人民币升值预期和离岸市场与在岸市场之间的人民币利差所推动的套利活动的结果，因此这种人民币国际化的结果具有很大的不稳定性和误导性（如何帆等，2011；肖立晟，2015）。在2015年人民币升值预期弱化乃至逆转之后，我们也确实看到人民币离岸市场的发展不再保持以往的势头（见图1）。因此，一个重要的问题是：人民币离岸市场是否培育了对于人民币的“真正”需求，而不仅仅是套利活动的产物。我们也希望通过基于离岸市场交易模式的人民币国际化状况评估来回答这一问题。

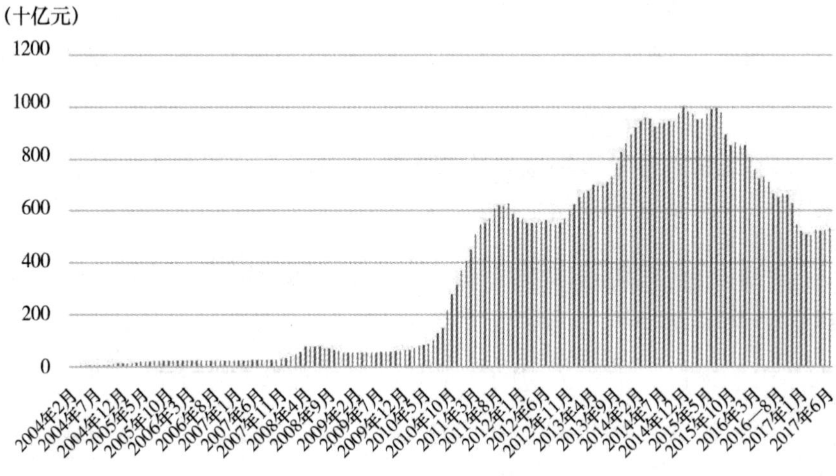

图1　中国香港人民币存款余额

资料来源：CEIC。

三　理论框架：交易媒介视角下的国际货币

与人民币国际化相对应的概念是国际货币，而后者的内涵是通过其发挥的职能来诠释的。目前普遍为学术界所接受的，是Kenen（1983）和Chinn and Frankel（2005）货币国际化框架。根据这一框架，国际货币的职能是货币国内职能在国外的扩展，当私人部门和官方机构出于各种目的将一种货币的使用扩展到该货币发行国以外时，这种货币就发展成为国际货币。一种国际化货币能为居民或非居民提供价值储藏、交易媒介和记账单位的功能。它可用于私人用途的货币替代、投资计价以及贸易和金融交易，同时也可用作官方储备、外汇干预的载体货币以及钉住汇率的锚货币。由于大部分货币都可以在某些特定情形中得以境外使用，因此就政策分析的实际目的而言，我们更为关心的实际上是某种货币能够在何种程度上被国外的交易者所使用，或者说货币国际化的“水平”。

表 1　　　　**国际货币的基本功能**

货币功能	官方用途	私人用途
价值储藏	国际储备	货币替代（私人美元化）和投资
交易媒介	外汇干预的载体货币	贸易和金融交易结算
记账单位	钉住汇率的锚货币	贸易和金融交易计价

资料来源：Hartmann（1998）。

国际货币的三种基本货币职能为评估人民币的国际化水平提供了直观的思路。许多人民币国际化指数在本质上都是反映这三种货币职能的指标的加权和，区别只在于具体指标选取和权重分配。但这种处理方式并非毫无异议。简单对货币的不同职能指标进行加总可能会忽视这些功能之间的复杂关系。例如，从历史上看，货币的最基本功能是交易媒介，其他两项功能则是由此派生出来的。在国际货币体系中，上述功能的重要性也与金融和经济体系的基本状况有关。例如，在浮动汇率体系和固定汇率体系中，外汇储备的意义大不相同，其对于国际货币功能的重要性也有很大差异。因此，对于货币国际化程度的评估在相当程度上有赖于具体的情景和母国在货币国际化上的最终目的。

表2　中国人民大学国际货币研究所"人民币国际化指数"指标体系

一级指标	二级指标	三级指标
国际定价与支付功能	贸易	人民币结算在世界贸易中所占比重
	资本与金融	人民币贷款在全球的国际贷款中所占比重 人民币证券在全球国际证券发行中所占比重 人民币证券在全球国际债券与票据余额中所占比重 人民币直接投资在全球国际直接投资中所占比重
国际储备功能	官方外汇储备	人民币外汇储备在全球外汇储备中所占比重

资料来源：International Monetary Institute, *RMB Internationalization Report* 2015, July, 2015.

不同于现有的许多人民币国际化水平评估方法，本研究试图从国际货币的最基本职能——国际交易媒介的视角出发，对人民币在全球货币体系中的地位进行评估。本研究的关键假设是，在全球外汇市场中，高度国际化货币与国际化水平较低的货币区别不仅在于交易的规模，而且在于交易的模式。这里的交易模式是一个广泛的概念，它不仅包括货币交易的时间、频度、机构、区域等特征，而且包括由参与特定货币交易的机构及其相互之间交易关系所构成的复杂网络的结构特征。具体来看，我们的货币国际化评估框架更关注国际外汇市场中交易主体的行为，这也是国际货币在履行其职能时经常被忽视的一个方面。正如某些研究（如 Moore and Payne，2011；Menkhoff，et al.，2013；Schreiber，2014）所注意到的，具有不同动机、信息和流动性状况的外汇市场交易者进行货币交易的模式也存在差异。对于外汇市场中的特定货币而言，其交易者特征（如动机、信息、财务状况、交易对手网络）和市场条件（如流动性、透明度、交易成本）在货币职能与认知方面（后者会显著影响其在国际市场的接受程度）与其国际化水平密切相关。也就是说，某种货币在外汇市场的交易模式在一定程度上反映了它的国际化水平。

基于上述假设，一个合理的推理是，在国际货币体系中具有类似地位的货币也应该具有类似的外汇市场交易模式。因此，如果我们能够在现有国际货币当中找到与某种新兴国际货币相似的交易模式，就可以大致确定后者的国际化水平。这种方法有两个优点：第一，它基于和公认的现有具体国际货币的模式比较，因此避免了关于“国际货币”定义的争议；第二，它基于外汇市场交易的结构性特征而非总量或比例指标，因此具有更强的稳定性。另外，对于参与国际金融市场的交易者而言，基于市场交易模式获得的国际化水平评价与其业务也更为相关。

四　数据与方法

（一）数据

本项研究所使用的数据有两个部分：

1. 2015 年第二季度中通过 CLS 结算的外汇交易，包括 17 种货币①；

2. CLS 会员在 2015 年第二季度未通过 CLS 结算的货币进行的外汇交易的调查收据，其中包括离岸人民币交易。

我们首先基于第一部分的数据构建货币国际化的评价指标体系，并基于公认的国际货币排序进行校准，然后运用第二部分数据估测人民币的国际化水平。

① 具体为澳元、加拿大元、瑞士法郎、丹麦克朗、欧元、英镑、以色列新谢克尔、港币、日元、韩元、墨西哥比索、挪威克朗、新西兰元、瑞典克朗、新加坡元、美元、南非兰特。由于在样本数据期间（2015 年第二季度）匈牙利福林刚刚纳入 CLS 货币，尚无交易数据，因此未纳入排序。

（二）指标

由于每笔外汇交易都是在两种货币之间发生的，因此我们以交易货币对为维度来提取反映交易模式的市场结构指标，包括：

1. 不同交易机构所占比例；
2. 不同区域交易所占比例；
3. 跨国交易所占比例；
4. 跨区域交易所占比例；
5. 市场集中度；

以及交易网络结构指标，包括：

1. 不同交易对手数量的金融机构的分布函数；
2. 高活跃度金融机构相互之间的交易密集程度；
3. 高交易规模的金融机构相互之间交易的规模总和与相应数量的高额交易加总之间的比值；
4. 金融交易关系的区域集聚程度；
5. 金融交易规模的区域集聚程度；
6. 高活跃度金融机构相互之间交易规模占比。

（三）方法

1. 数据中心化

对所得的特征矩阵进行中心化，以消除不同的特征之间因单位不同和数量级的较大差异可能带来的影响。

$$\hat{x}_{ij} = \frac{x_{ij} - \mu_j}{\delta_j}$$

2. 特征降维

我们使用主成分分析对数据指标进行降维，提取 2 个交易规模参数、4 个市场集中度参数和 7 个交易模式参数。

3. 聚类分析

假设货币对 AB 在降维后得到的交易模式参数矢量为

$$x^{AB}=(x_1^{AB},\ ...,\ x_k^{AB})$$

货币对 CD 的参数矢量为

$$x^{CD}=(x_1^{CD},\ ...,\ x_k^{CD})$$

则 AB 与 CD 的距离为

$$d_{AB}^{CD}=\sqrt{(x_1^{AB}-x_1^{CD})^2+...+(x_k^{AB}-x_k^{CD})^2}$$

基于上述距离定义，我们采用多维尺度变换（Multidimensional Scaling，MDS）方法将所有货币对投射到二维平面上，并根据其相互距离对其进行聚类分析。

4. 排序

不同于某些对外汇交易模式与货币特征的研究（如 Schreiber，2014），我们不对货币的交易模式特征和国际化水平之间的关系做任何先验假设，而是基于公认的国际货币体系来确定相应的参数。

由于美元被公认为最主要的国际货币，我们用美元作为货币国际化评估框架的基准，并采用每种货币在交易模式参数空间中与美元的距离来测度其国际化水平。类似地，对于每种货币对，我们采用 EURUSD（欧元美元）交易对作为其国际化水平的测度基准。对于特定货币 C，我们计算 3 种距离：

一是货币的交易丰富程度；即与多少种货币存在交易，记为 dist. 1；

二是该货币与美元交易对同 EURUSD 交易对之间的距离，记为 dist. 2；

三是以美元同每一种货币交易对为基准，计算该货币同相应的每一种货币交易对同基准之间的距离，记为 dist. 3。

从而货币 C 与美元的距离为

dist = λ× （dist. 1 + dist. 2 + dist. 3）

其中λ是对交易丰富度不足的惩罚因子。

五　实证结果

（一）CLS 结算货币的交易模式

这一部分我们考察 17 种 CLS 结算货币的交易模式，共有 77 个货币对，其交易关系如表 3 所示。

表 3　　CLS 结算货币间的交易关系

货币代码	USD	AUD	CAD	CHF	DKK	EUR	GBP	HKD	ILS
USD	0	1	1	1	1	1	1	1	1
AUD	1	0	1	1	0	1	1	1	0
CAD	1	1	0	1	0	1	1	1	0
CHF	1	1	1	0	1	1	1	1	0
DKK	1	0	0	1	0	1	1	0	0
EUR	1	1	1	1	1	0	1	1	1
GBP	1	1	1	1	1	1	0	1	0
HKD	1	1	1	1	0	1	1	0	0
ILS	1	0	0	0	0	1	0	0	0
JPY	1	1	1	1	1	1	1	1	0
KRW	1	0	0	0	0	0	0	0	0
MXN	1	0	1	0	0	1	1	0	0
NOK	1	0	1	1	0	1	1	0	0
NZD	1	1	1	1	0	1	1	0	0
SEK	1	1	1	1	1	1	1	0	0
SGD	1	1	1	1	0	1	1	0	0
ZAR	1	1	0	0	0	1	1	0	0

注：“1”表示两种货币间存在交易关系。

在运用主成分分析对相关指标进行降维后，我们采用 MDS 方法获得其在二维参数平面上的位置（见图 2）。从中我们可以清楚地看到，EURUSD 处于特殊的位置，与其他货币对有着最远的平均距离。

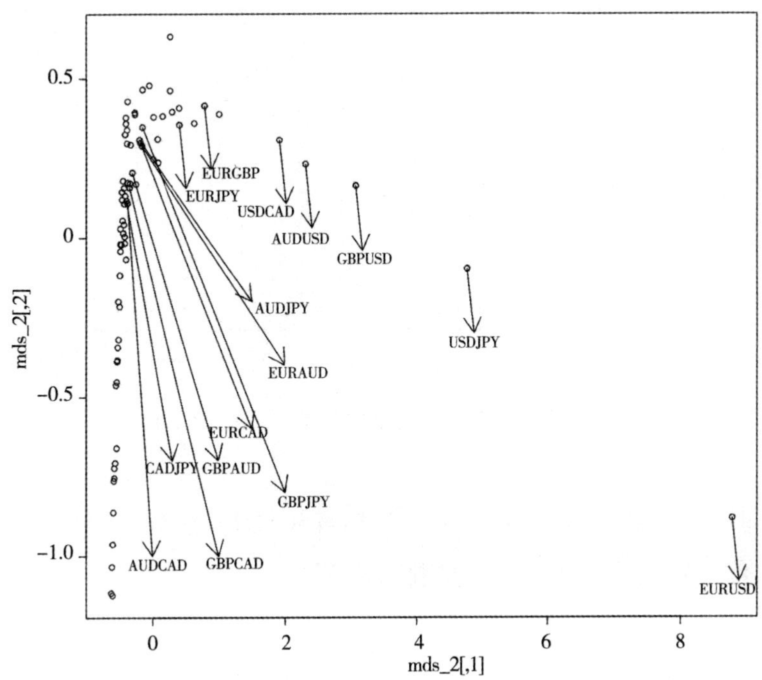

图 2　CLS 结算货币对在交易模式参数平面上的位置分布

我们继而通过相关交易对的重心得到每种货币的位置（见图 3）。可以看到，美元处于特殊的位置，与其他 CLS 结算货币有着最远的平均距离。而在其他货币中，欧元、英镑、日元与美元的距离相对较近。

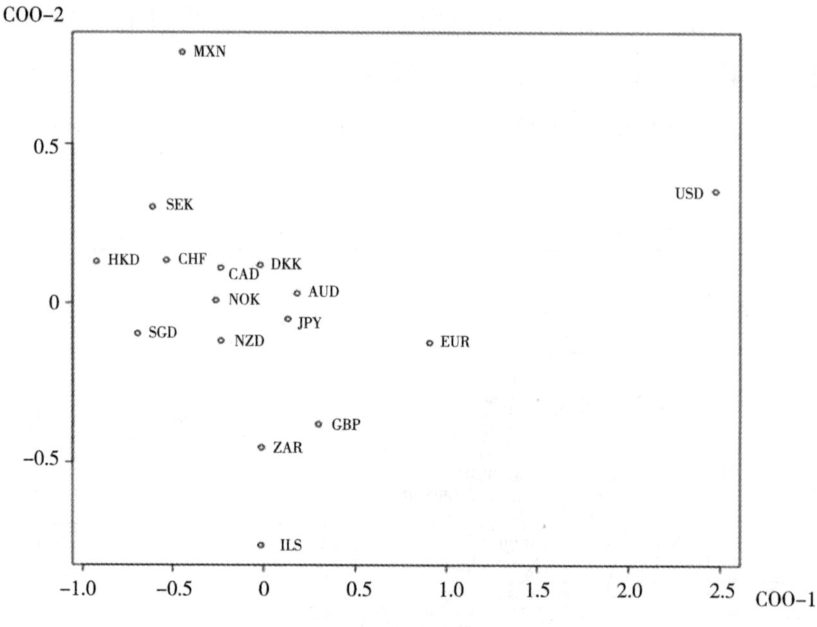

图 3　CLS 结算货币在交易模式参数平面上的位置分布

基于上面的交易模式指标，我们首先对 17 种 CLS 货币的国际化程度进行校准，得到相应的排序如下。

表 4　根据货币交易模式空间中的距离得到的货币国际化水平排序

排名	货币名称	货币代码	同期 SWIFT 全球支付比重排名
1	美元	USD	1
2	欧元	EUR	2
3	英镑	GBP	3
4	日元	JPY	4
5	加拿大元	CAD	6
6	瑞士法郎	CHF	8
7	澳元	AUD	7
8	新西兰元	NZD	18
9	瑞典克朗	SEK	11
10	挪威克朗	NOK	13

续表

排名	货币名称	货币代码	同期 SWIFT 全球支付比重排名
11	新加坡元	SGD	12
12	港币	HKD	9
13	丹麦克朗	DKK	17
14	南非兰特	ZAR	15
15	墨西哥比索	MXN	16
16	以色列新谢克尔	ILS	无 *
17	韩元	KRW	无 *

资料来源：SWIFT 货币排名来自 SWIFT RMB Tracker，其中未包含以色列新谢克尔和韩元。

可以看到，在上述列表中部分货币的国际化程度与印象相符合，也与 SWIFT 基于全球支付比重的排名一致。

（二）人民币国际化水平

基于上述校准的参数，我们将人民币的离岸市场交易数据提取相应指标，加入 CLS 货币的交易模式分析。图 4 给出了离岸人民币交易的货币对在交易模式参数平面中的位置。图中包含离岸人民币的货币对明显地处于其他货币对的上界区域，这意味着离岸人民币的外汇市场交易模式与其他货币有显著不同。

通过更为具体的聚类分析（见图 5）可以看到，一方面，人民币的相关交易有一定的聚集性；但另一方面，根据交易对象的不同，人民币的交易模式则存在着一定的变化，其特殊性在基于交易模式特征的聚类中并不占有主导地位。

同样通过相关货币对的重心计算获得人民币在交易模式平面上的位置，我们发现人民币不仅与 CLS 结算货币有着相当大的平均距离，而且在方位上也偏离美元、欧元等主要国际货币。

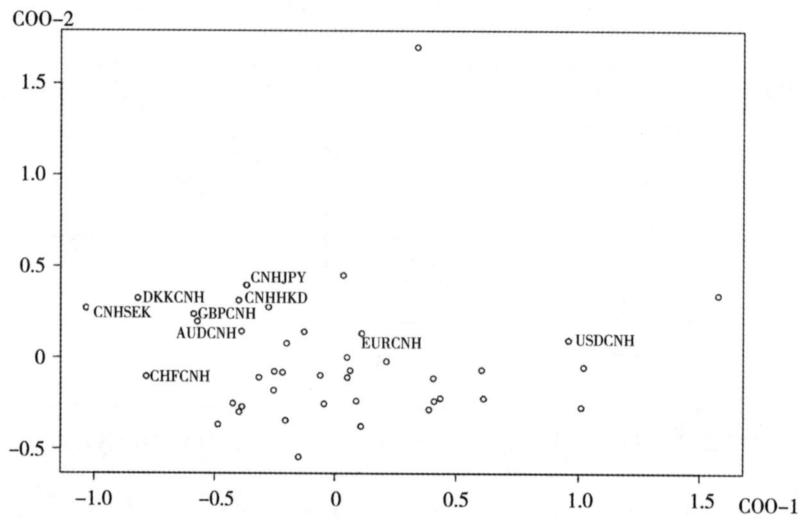

图4　离岸人民币相关货币对在交易模式参数平面上的位置分布

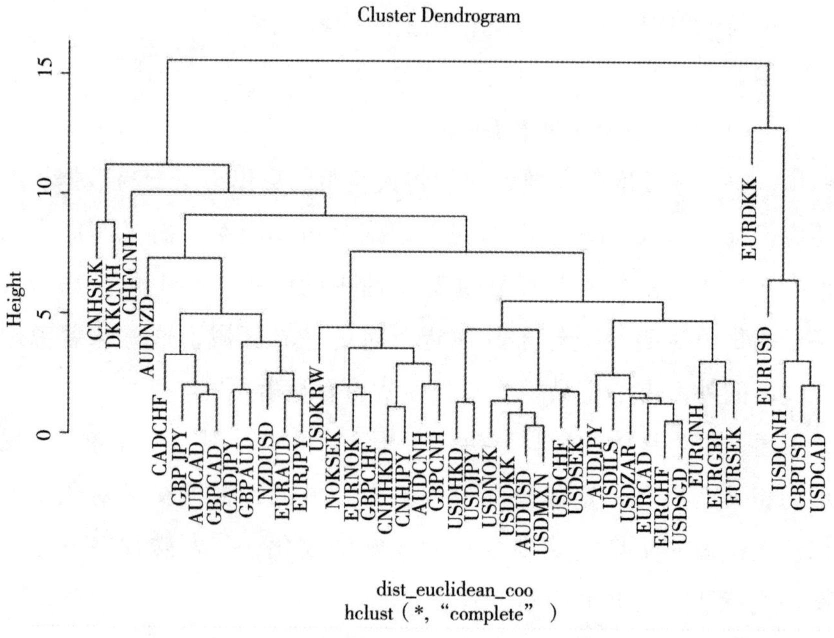

图5　外汇市场货币对的交易模式聚类

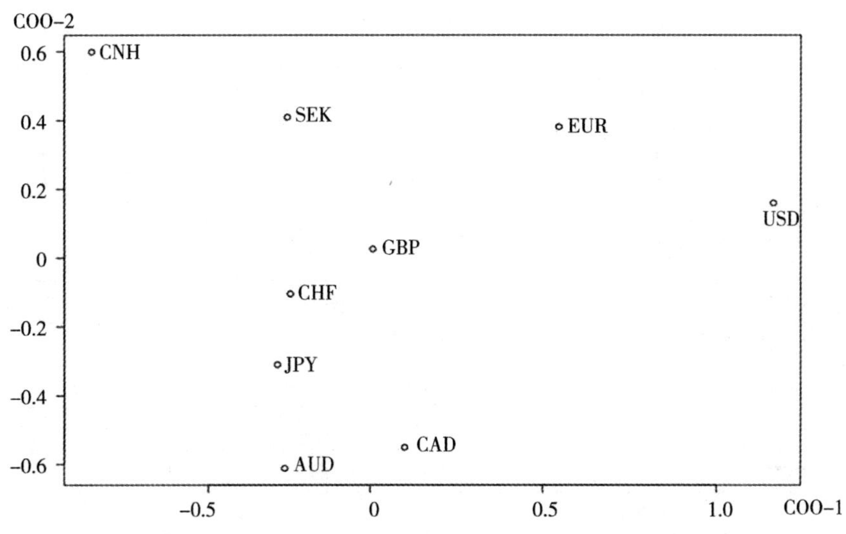

图 6　离岸人民币在交易模式参数平面上的位置

然而，如果以美元和欧元等公认国际货币交易模式的相似度来衡量，人民币却在各类 CLS 货币当中排在前列（见表 5）。从这个角度来看，人民币的国际化水平似乎超出了人们的通常预期。至少从外汇市场的交易模式上来看，人民币更接近于美元和欧元这样的全球性货币，而澳元、日元这些货币则反而与之距离较远。

表 5　根据货币交易模式空间中的距离得到的人民币国际化水平排序

排名	货币名称	货币代码	同期 SWIFT 全球支付比重排名
1	美元	USD	1
2	欧元	EUR	2
3	英镑	GBP	3
4	离岸人民币	CNH	5
5	澳元	AUD	7
6	加拿大元	CAD	6
7	日元	JPY	4

续表

排名	货币名称	货币代码	同期 SWIFT 全球支付比重排名
8	瑞士法郎	CHF	8
9	瑞典克朗	SEK	11
10	挪威克朗	NOK	13
11	新西兰元	NZD	18
12	墨西哥比索	MXN	16
13	丹麦克朗	DKK	17
14	南非兰特	ZAR	15
15	新加坡元	SGD	12
16	港币	HKD	9
17	以色列新谢克尔	ILS	None *
18	韩元	KRW	None *

资料来源：SWIFT 货币排名来自 SWIFT RMB Tracker，其中未包含以色列新谢克尔和韩元。

为了更好地理解上述排名，我们引入一个新的参数“货币对平均距离”，它度量包含某种特定货币的所有货币对在交易模式平面上的集中程度。货币对平均距离越大，则意味着该种货币的交易模式越多元化。从表 6 可以看到，离岸人民币拥有相当大的货币对平均距离，仅次于欧元和美元，这意味着在外汇市场中，人民币和多种不同类型的货币以多元化的模式进行交易，而这也是国际化货币的重要特性之一。

表 6　**不同货币的货币对平均距离**

货币代码	货币对平均距离
EUR	15.6400
USD	12.9600

续表

货币代码	货币对平均距离
CNH	12. 7939
CHF	8. 8394
GBP	8. 6277
SEK	8. 2447
CAD	7. 9950
AUD	7. 0519
JPY	6. 5875

六　政策含义

基于外汇市场交易模式的分析显示，人民币更倾向于是高度国际化的货币。基于上述证据，我们认为基于离岸市场的人民币国际化取得了实质性的进展，而并非单纯升值预期与套利活动所产生的泡沫。但与此同时，人民币又和大部分的国际化货币在交易特征上有较大差异。这种看似矛盾的现象可能来自两个原因：第一，人民币不是 CLS 成员货币；第二，人民币交易数据的稀疏性。由于人民币不属于 CLS 货币，因此缺乏缓解支付风险的多边净额结算机制，这不仅大大限制了人民币在外汇市场的交易效率，也使得其交易模式不同于其他的 CLS 货币。人民币交易数据的稀疏性则是这一问题的另一个侧面。由于人民币未纳入国际多边结算机制之中，我们很难获得其系统性的交易数据，而只能依靠调查数据进行研究。与系统交易数据相比，调查数据无论在丰富程度还是精度上都相差甚远，这也使得对于人民币国际化和离岸市场的研究面临很大困难。

在我国经济增长模式步入“新常态”的同时，人民币离岸市场的发展也在趋于“正常化”：人们接受和持有人民币的动机不再是汇率升值预期与套利，而是更为基础性的贸易或金融交易需求。在原来的高额附加收益消失之后，人民币在与其他货币的竞争中将更多地依赖于它在国际金融体系中的地位和作为交易媒介的效率，而包括支付清算系统在内的金融基础设施则是决定交易效率的重要环节。可以预料的是，随着人民币国际化的继续推进和人民币离岸市场的进一步发展，参与国际金融基础设施，尤其是支付合作机制的必要性也在不断提高。正如本项研究所反映的，这种合作的收益不仅来自人民币交易效率本身，而且还在于通过更为系统精确的信息对人民币的国际使用状况和在全球货币体系中的地位做出更好的判断。

参考文献

1. 何帆、张斌、张明、徐奇渊、郑联盛：《香港离岸人民币金融市场的现状、前景、问题与风险》，《国际经济评论》2011 年第 3 期。

2. 肖立晟：《香港人民币国际化调研报告》，《开发性金融研究》2015 年第 1 期。

3. 殷剑峰：《人民币国际化：“贸易结算 + 离岸市场”，还是“资本输出 + 跨国企业”？——以日元国际化的教训为例》，《国际经济评论》2011 年第 4 期。

4. 张贤旺：《离岸金融中心在人民币国际化过程中的角色》，《山东大学学报》（哲学社会科学版）2014 年第 5 期。

5. Batten, J. and P. Szilagyi (2013): “The Internationalisation of the RMB: New Starts, Jumps and Tipping Points”, SWIFT Institute Working Paper, 2012 – 001.

6. Cetorelli, N. and S. Peristiani (2013): “Prestigious Stock Exchanges: A Network Analysis of International Financial Centers”, *Journal of Banking & Finance*, 37, 1543 – 1551.

7. Chen, Y. and B. Hu (2013): “Internationalization of the RMB: An Evaluation Framework”, *Economic and Political Studies*, 5 – 20.

8. Chinn, M. and J. Frankel (2005): "Will the Euro Eventually Surpass the Dollar as Leading International Reserve Currency?", NBER Working Paper, No. 11510.

9. Cohen, B. (1971): *The Future of Sterling as an International Currency*, London: Macmillan.

10. Craig, R., C. Hua, P. Ng and R. Yuen (2013): "Chinese Capital Account Liberalization and the Internationalization of the RMB", IMF Working Paper, WP/13/268.

11. Hartmann, P. (1998): *Currency Competition and Foreign Exchange Markets: The Dollar/the Yen and the Euro*, New York: Cambridge University Press.

12. He, D. and R. McCauley (2010): "Offshore Markets for the Domestic Currency: Monetary and Financial Stability Issues", BIS Working Papers, No 320.

13. Islam, M. and O. Bashar (2012): "Internationalization of the Renminbi: Theory and Evidence", IGS Working Paper Series, No. 04/2012.

14. Kenen, P. (1983): "The Role of the Dollar as an International Currency", Occasional Papers, No. 13, Group of Thirty, New York.

15. Lee, J. (2010): "Will the Renminbi Emerge as an International Reserve Currency", in J. Sachs, M. Kawai, J. Lee, and W. Woo (eds.), *The Future Global Reserve System: An Asian Perspective*, Manila: Asian Development Bank.

16. Li, D. and L. Liu (2010): "RMB Internationalization: Empirical and Policy Analysis", in W. Peng and C. Shu (eds.), *Currency Internationalization, Global Experiences, and Implications for the Renminbi*, 167 – 185, New York: Palgrave Macmillan.

17. Menkhoff, L., L. Sarno, M. Schmeling and A. Schrimpf (2013): "Information Flows in Foreign Exchange Markets: Dissecting Customer Currency Trades", BIS Working Papers, No. 405.

18. Moore, M. and R. Payne (2011), "On the Sources of Private Information in FX markets", *Journal of Banking and Finance*, 35, 1250 – 1262.

19. Qiu, X. and T. He (2013): "Quantifying the Prospects and Impacts of RMB Internationalization", 7th "China Goes Global" Conference.

20. Schreiber, B. (2014): "Identifying Speculators in the FX Market: A Micro-

structure Approach", *Journal of Economics and Business*, 73, 97 – 119.

21. Subacchi, P. (2010): " 'One Currency, Two Systems': China's Renminbi Strategy", Chatham House Briefing Paper, October.

22. Yu, Y. (2014): "How Far Can Renminbi Internationalization Go?", ADBI Working Paper, No. 461.

金融部门的
人民币国际化

熊猫债券市场及其与匈牙利的相关性

捷尔吉·鲍尔藻　安德拉什·卡达尔*

一　前言

2017 年中期，匈牙利在中国境内债券市场发行了以人民币计价的国际债券。新的熊猫债券是经过大量的准备之后发行的。2016 年，匈牙利已经在离岸债券市场出售过点心债券（dim sum bond）。熊猫债券虽然已成功完成其作为探索的角色，但依然是开创性的债券，并且有助于为匈牙利政府的债务持有人结构带来更广泛的投资者基础。随着交易的完成，匈牙利成为第一个在熊猫债券和点心债券市场均发行了国际债券的主权国家。与此同时，匈牙利是第一批能够从“债券通”计划获益的熊猫债券发行国之一。

本项研究旨在揭示做出进入中国债券市场决策背后的主要动机，并详细讨论匈牙利的发行情况以及其他主权债务机构的类似

* 捷尔吉·鲍尔藻（György Barcza）为匈牙利政府债务管理局（ÁKK）局长，安德拉什·卡达尔（András Kádár）为该机构的研究员。本文表达的观点仅代表作者自己的观点，不代表匈牙利政府债务管理局的观点。

交易。此外，从发行商角度来评估中国资本市场，特别是熊猫债券市场，近期和最重要的监管变化。

本项研究的结构如下：按照自上而下的方式，首先概述近期资本市场的发展情况，然后简要讨论最近推出的“债券通”计划。随后对熊猫债券市场进行相对翔实的介绍，最后讲解匈牙利熊猫债券发行情况以及近期其他类似的发行情况。

二 市场状况

过去二十年，中国经济呈现出快速增长的态势。这一经济的动态扩张整体上需要其他部门跟进，尤其是那些负责储蓄和资源有效分配的部门，如金融和信托市场。加上私营部门的不断加强，因此中国政府必须致力于发展资本市场。

关于中国资本市场，中国政府似乎有明确的战略。在见证甚至推动国内信托市场的建立之后，在内外部力量的推动下，中国打算通过外国投资者和发行商的参与继续扩展市场。中国作为世界上最大的经济体之一，成为最大之一的和更发达的资本市场也是合乎逻辑的。对于一个先进且运作良好的资本市场来说，如果没有广泛的投资者和发行商，资本市场很难发挥作用，这就是需要外国参与者的原因。

现在暂时不谈论其他细分市场，让我们先了解中国债券市场的情况。起初，中国政府允许外国投资者进入中国香港离岸点心债券市场，但后来转而推动国内债券市场。同样，外国主权机构最初在点心债券市场发行债券，最近才发现境内市场（熊猫债券）也是可以发行债券的市场。可以说，中国债券市场近期发展相当缓慢，并没有实现突破，然而这至少是两个潜在因素的结果：一方面很难改革如此庞大的资本市场，另一方面是文化因素，如改变事物的传统方式发挥了很重要的作用。

（一）开放资本市场

资本市场开放的第一步是中国政府在境外设立人民币离岸市场。接下来的步骤包括逐渐开放最初的离岸市场，然后是部分境内市场（Sütö, 2017）。这些旨在推进人民币国际化的措施是非常重要的。

在过去的两年中，中国政府加快了资本市场的自由化进程，同时国际组织也持续承认这些努力。国际货币基金组织将人民币纳入特别提款权货币篮子并拥有相当高的权重，为10.9%；全球最大指数提供商之一的摩根士丹利公司（MSCI）将中国A股纳入MSCI新兴市场指数，权重为0.73%。随着越来越多的外国发行商和投资者从事中国股票和债券市场交易，自由化措施和国际反应给市场带来的影响也变得更加重要。

2016年以来，中国监管部门做出了一些非常重要的变化。首先，中国人民银行取消了外国投资者对中国银行间债券市场投资额度的限额。2016年年底，第二个“股票通”计划启动，这次是中国香港和深圳证券交易所之间的连接计划（“深港通”）。这也是“沪港通”已经成功运行两年的自由化进程中可预见的一步。

在经过2016年的发展之后，2017年出台了一项重大的新举措，进一步推进中国境内债券市场的开放，即推出“债券通”计划。

（二）“债券通”①

“债券通”在中国境内债券市场和海外市场之间建立了一种联

① 基于Sin（2017）和Sin（2018）。

系，允许中国内地和境外投资者在对方市场进行交易。这两个方向并不是同时开放的。最初是2017年7月3日，所谓的“北向通”启动，意味着允许境外投资者通过中国内地与香港债券市场进入国内市场。中央银行、国际金融组织、其他金融机构、财富基金、合格的境外机构投资者（QFII，RQFII）构成该计划的合格投资者群体。这些投资者被允许参与一级和二级债券市场。投资者的注册可以由中国外汇交易中心（CFETS）直接完成，也可以由境内托管人或结算代理机构完成。投资者也可以利用离岸托管人和其他机构的帮助来完成注册过程。

中国监管机构发起这个新计划特别重要，尽管目前该计划尚未完成，但该计划使得外国投资能够进入中国境内的债券市场。在中国这部分的资本市场，该计划通过废除大部分负担，从而吸引国外资金。理想情况下，监管机构和市场参与者确实会带来离岸投资者的大量资金流入，从而创造更深的流动性和更多元化的投资者基础。此外，“债券通”计划很快将涵盖成熟市场的其他交易，如回购协议、债券借贷、债券远期交易、利率互换、远期利率协议等。上述特征能够使该计划具有吸引力，并为中国监管机构的另一个重要目标做出贡献：将中国债券纳入全球主要债券指数。

表1　　**境内债券市场现状（“债券通”效应）**

积极因素	负面因素
·可能会从境外进行境内投资 ·启动和完成投资的流程更加简单 ·本计划项下的本金和利息收入再投资 ·提供境内外汇兑换 ·间接强化国外发行（熊猫债券市场） ·更多元化的投资者群体	·流动性较低 ·缺乏对冲机会——仅在离岸市场，但对冲成本高 ·一定程度上的资本管控 ·“债券通”尚未与其他投资者计划如人民币合格境外投资者（RQFII）或合格的境外机构投资者（QFII）合并
“债券通”很快将包括回购协议、债券贷款、债券转换、利率互换、远期利率协议。	

资料来源：作者整理。

除了取得较明显的成就之外，“债券通”可能将提供更长期的影响（如进入中国债券市场、更广泛的投资者基础、更深的流动性、外国发行方），该计划还有一些重要细节更具有吸引力。一方面，投资者可以不受任何限制地重新投资本金和利息收入。另一方面，根据该计划，投资者可以利用境内外汇市场进行他们的外币安排（一些分析师认为，作为副作用，这还可以部分缓解离岸人民币市场流动性压力）。

当谈到市场参与者的反应时，大多数对中国资本市场进一步开放的努力表示欢迎。同时，一部分市场参与者（Danese，2017）认为中国资本市场缺乏流动性，以及仍然存在着资本管控，缺乏对冲和衍生机会，这些仍然是潜在发行商和投资者的主要担忧。此外，获取有关特定规则（如对冲交易）的富有洞察力的信息并不容易，但随着越来越多的交易和发行，这个难题将随时间被轻易克服：相关经验和案例研究将提供有关特定规则的有价值的信息，发行商、投资者、中介机构或监管机构也会形成最佳实践解决方案。

从上述监管变化的发展来看，不同子市场被区别对待，某些细分市场的开放似乎优先于其他细分市场。随着“债券通”的实施，境内银行间债券市场可以为境外投资者提供比其他市场更深入的准入，例如境内股票市场的人民币合格境外投资者（RQFII）仍有配额限制。不同子市场之间自由化步伐不一致的原因有两个：它可能源于中国监管部门追求渐进式的方法，但也可能是精心保护有时还不太成熟的国内金融细分市场。

就中国金融和资本市场的地位而言，我们可以得出结论，总体而言，它已经走向开放的漫长道路。但同样显而易见的是，如果目标是让境外发行商和投资者更容易进入中国国内资本市场，还有很多工作要做，更不要说完全开放中国国内资本市场。但是未来的发展过程难以预测，鉴于目前经济增长阶段的财政挑战，中国政府在前进中保持着谨慎。

三　熊猫债券市场

熊猫债券的定义是非常明确的：

- 其面值是境内人民币（CNY）。
- 其发行商是境外实体（在中国大陆境外注册）。
- 其发行市场是境内债券市场（技术上是银行间债券市场或主要证券交易所之一）。

熊猫债券通常拥有几年（1—3 年）的中期原始偿还期，但这并不是严格规定的，根据发行商的需求，发行商可以有较大范围的期限（270 天到 10 年）。

根据国际资本市场协会（ICMA-NAFMII, 2017）的数据，中国境内债券市场是全球第三大债券市场，市场规模超过 10.6 万亿美元（70.4 万亿元人民币）。熊猫债券市场被认为是庞大的债券市场的一个次级市场，但熊猫债券的交易量和容量方面的重要性较小。这个关系在近期不会发生变化，因为 2015 年年底前后并没有出现预计的新发行的熊猫债券的数量和容量。熊猫债券市场的容量几乎为 2000 亿元人民币，来自 98 个发行商。主权债券在熊猫债券市场的份额仅为 3.6%。如果我们加上地区政府的债券，这个份额是 5.1%[①]。这些政府发行商的平均规模为 23 亿元人民币，略高于 20 亿元人民币的总体平均值。

---

① 熊猫债券市场最重要的部门是房地产行业，占近 50%；其次是银行，占 11%；汽车行业的一些企业，占 8.5%。

（一）注册和发行程序

由于熊猫主权债券仍具有类似试点的性质，政府机构希望在熊猫债券市场发行债券的第一步是中国人民银行必须批准登记申请。决定是在个案基础上做出的，并基于对申请的全面评估。如果做出的决定是正面的，中国人民银行向中国银行间市场交易商协会（NAFMII）[①] 发出同意书。注册程序的第二阶段包括准备注册文件并将其发送至中国银行间市场交易商协会。中国银行间市场交易商协会根据材料的完整性对文档进行审阅，并在10个工作日内提供有关这些文档的及时和更详细的反馈。中国政府要求的任何补充文件需要由候选发行商在注册时准备和送递。所需的注册文件清单包括所谓的授权文件（发行商所在国政府或立法机构的批准文件和法令）、主承销商的推荐信、发债说明书（一份正式的法律

表2 **注册过程和文件**

一、申请发行
• 给中国人民银行致函并沟通
二、注册文件（送至中国银行间市场交易商协会，并由其处理）
• 主承销商的确认函
• 授权文件（政府的批准函或法令）
• 发债说明书
• 财务报告（尽职调查）
三、法律意见（代表发行商和中国）
四、国内（中国）信用评级（来自中国人民银行认可的评级机构）
五、承销协议

① NAFMII，中国银行间市场交易商协会，成立于2007年，是一个自我管理组织，旨在通过创新和自律来促进中国场外交易市场的可持续发展，并服务于市场参与者。

文件，包括发行债券的细节）和作为尽职调查组成部分的财务报告。相关参与方如果有必要，可能需要反复审查和修改文档。被选定的律师事务所的意见在这个过程中也起着关键作用。与此同时，发行商需要获得中国人民银行承认的国内信用评级机构的正式信用评级。

如果所有材料都准备好，参与者可以着手准备发行。发行商需要在中国大陆的银行和清算所以及离岸人民币中心开设账户（如果有互换协议将收益转换为其他货币，则需要在离岸人民币中心开设账户）。由主承销商协助在可能的（机构）投资者中间推销新的债券的投资路演后，宣布指导性价格和发行数量。询价（book-building）和实际定价是发行过程的最后一步。

（二）发行熊猫债券的原因

一般来说，利用熊猫债券市场筹集资金的原因有很多。境外公司发行商在中国生产部门开展业务或者从贸易及从以前的金融交易中获得人民币债务，他们对人民币计价的债务有着天然的兴趣。

对于那些在中国大陆有子公司的公司实体来说，熊猫债券市场是一个合适的资金来源地。无论是出于监管原因还是由于一些内部程序限制，这些机构有时会发行熊猫债券，而不是直接通过其子公司从国内债券市场其他部分筹集资金。

国际金融文献中还有一个广为人知的债券/信号理论（bonding/signaling theory）。这个假设仅适用于新兴国家的企业，它声称在更先进的市场上发行债券（debt securities）是一种理性决定，因为它“有助于企业评估和国内金融条件”（Ba et al.，2017）。积极的信号效应有两个主要原因：一是遵守更复杂的法律/法规和追求更完善的治理；二是国际融资本身改善了财务状况。有学者（Ba et al.，2017）已经在实证基础上证明了债券/信号假设的正确性。

对于那些既不在中国经营业务，也没有任何人民币融资需求的发行商来说，熊猫债券市场通常只是国际融资的几种替代品之一，他们通常将人民币互换成另一种货币。因此，在进入市场之前，需要采用标准的战略规划以及成本风险分析。

一般来说，实际的市场状况对决定国际债券的计价货币至关重要。在考虑新发行债券的时间、成本和风险时，为了保持灵活性，在同一时间进入多个外国债券市场通常是一个良好的做法（例如在熊猫债券市场注册金额）。除了这个一般性考虑之外，还有其他一些具体因素，我们在下文只提及最重要的一些因素。

首先应考虑的是目标货币的成本。这包括发行时获得的收益（外币初级市场的收益率）以及募集资本可以转换为目标货币的条件。对于前一个部分（收益率），熊猫债券市场表现相当好，因为二级市场的收益（广泛用来代表初级市场收益率）在过去两年中一直比点心债券市场低。根据彭博社的数据，熊猫债券市场的这种优势在2017年10月前已经消失（匈牙利发行熊猫债券时，离岸和境内市场10年期基准收益率之间的差距仍然很大，但逐渐在减小）。

与其他发达债券市场相比，熊猫债券融资的价格在将收益兑换成另一种全球货币（如美元或欧元）之后可能会更高一些。这是一个关键因素，因为在发行国际债券（尤其是新兴市场）后，发行商进行货币互换交易，以规避发行后原始外币的货币风险。如果发债货币的衍生品市场不发达并且流动性不足，那么将筹集到的资金换成另一种外币的成本可能是昂贵的。国际资本市场协会（ICMA-NAFMII，2017）调查了大多数熊猫债券发行商对熊猫债券市场费用和风险方面的看法。他们表示，他们通常在经过仔细的市场监控后采取决定，并且他们认为人民币几乎可以与任何其他货币市场进行国际融资。由此可见，在某些情况下，熊猫债券市场在国外融资时可能是一种有竞争力的替代方案。

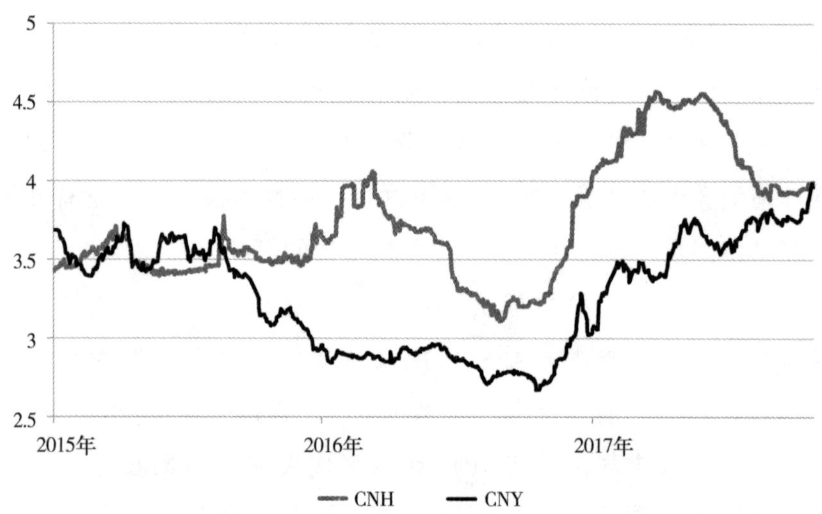

图 1　中国离岸和境内 10 年期主权债券收益率

资料来源：Bloomberg。

流动性（定义为二级市场流动性）通常是另一个重要因素，因为它对收益率有一定的影响。如前所述，与其他主要债券市场相比，熊猫债券市场的流动性仍然相对较弱。尽管这在二级市场确实如此，但它也可能是发行商关注的议题，而且也可能轻易地阻止可能的机构投资者投资初级市场，或者仅仅只是提高收益率。国际资本市场协会调查发现，相对较低的流动性水平对之前的熊猫债券发行商来说并不是一个严重的问题。

发行熊猫债券的其他因素包括：（1）扩大投资者范围，

(2) 先从某个地区或相似发行商来开拓市场，(3) 加强政治经济关系。

这些因素中的第一个因素不需要进行太多的解释。进入一个新的市场通常会带来与现有投资者策略不同的新投资者，并且作为发行商，需要一定程度的投资者多样化，来优化平衡来自不同投资战略的风险。中国投资者据说更喜欢中长期投资，且遵循买入并持有策略。[①] 对于希望多样化程度较高的外国投资者来说，这可能是一个积极的因素。外国投资者对不利的全球金融事件做出快速反应，导致该国债务管理受到负面冲击。在投资者是买入并持有的情况下，这种效应对债务管理来说可能更加温和，也不那么严重。然而，随着“债券通”生效，部分真相是当熊猫债券发行时，国际投资者更有可能消化部分熊猫债券。

第二个因素也经常被认为是熊猫债券发行的动力：成为在一个地区、行业或特定同类实体中第一个开拓市场的国家。虽然这个排名与严格的债务管理相关观点没有任何区别，但这样的决定背后还有其他原因。这些原因可能是与诸如政治、地缘政治、商业等有关，这就是我们所说的第三个因素。

在这一节中，我们讨论了发行熊猫债券的根本原因。除了这些之外，无须赘述的是，从长远来看，一个发达的、流动的和适当调控的债券市场对当前或未来的参与者是有利的，因此不管发行的最初原因是什么，即使是较小的发行量也能够促进发展。

（三）主权熊猫债券的发行过程

到目前为止，熊猫债券市场已有三次发行（除匈牙利外）可

① 基本假设是中国足够大，可以拥有自己的路径，熊猫债券市场在某种程度上至少可以承受甚至忽视其他市场的紧张局势或动荡。

以被视为主权债券发行。

2015 年 12 月，韩国在中国境内债券市场发行了第一批主权债券。在注册过程中，他们获得了中国诚信信用公司的“AAA”信用评级，并注册了 60 亿元人民币的项目用于未来开拓市场。韩国发行的金额为 30 亿元人民币，但超额认购达 50 亿元。韩国债券的息票率为 3%，原始期限为 3 年。

2016 年 1 月，加拿大的不列颠哥伦比亚省在中国境内债券市场发行了首个北美主权债券。在发行时，他们在所有主要信用评级机构中都拥有顶级的信用评级。发行金额为 30 亿元人民币，超额认购两倍。加拿大地方政府的熊猫债券的息票率为 2.95%，期限为 3 年。发行商随后的评论称，“发行所募集的资金与新加坡大华银行合作立即再投资于离岸人民币计价产品，这将为纳税人带来积极回报，并防范外汇风险。人民币投资净收益将用于支持和扩大不列颠哥伦比亚省在中国设立的贸易和投资办事处。”

2016 年 8 月，波兰发行熊猫债券。波兰共和国授权两家投资银行作为账簿管理人（中国银行和汇丰银行）组织发行第一个人民币计价的欧洲主权国际债券（熊猫债券）。在注册过程中，他们获得中国人民银行批准的中国信用评级机构（中国诚信）的“AAA”信用评级。同时在北京和上海举行非交易性路演，注册金额为 60 亿元人民币。2016 年 8 月 25 日，以 1.97 的认购倍数成功发行。发行金额为 30 亿元人民币，债券的息票率为 3.4%，期限为 3 年。

表 3　　主权国家和地方政府熊猫债券发行情况的总结

韩国（2015 年 12 月）：
- 评级（标普/中国诚信）：AA－ / AAA
- 发行额：人民币 30 亿元
- 期限：3 年
- 息票率：3%
- 互换：否
- 最终账面大小（相对于已发行的金额）：4.28 倍
- 股票交易所：中国银行间债券市场（CIBM）

账簿管理人：汇丰银行、中国银行

加拿大不列颠哥伦比亚省（2016 年 1 月）：
- 评级（标普 / 多美年）：AAA / AAA
- 发行额：人民币 30 亿元
- 期限：3 年
- 息票率：2.95%
- 互换：否
- 最终账面大小（相对于已发行的金额）：2 倍
- 股票交易所：中国银行间债券市场

账簿管理人：汇丰银行、中国银行

波兰（2016 年 8 月）
- 评级（标普/中国诚信）：A－ / AAA
- 金额（已发行/注册）：人民币 30/60 亿元
- 期限：3 年
- 息票率：3.4%
- 互换：是（欧元）
- 最终账面大小（相对于已发行金额）：1.97 倍
- 股票交易所：中国银行间债券市场

账簿管理人：汇丰银行、中国银行

（四）匈牙利进入熊猫债券市场

就其在中国债券市场的存在而言，匈牙利采取循序渐进的方式。一方面它打开了一个又一个细分市场：在开辟点心债券市场之后仅一年半，发行熊猫债券。① 早在 2015 年，匈牙利就考虑发

① 韩国也采取了类似战略进入中国境内市场和离岸债券市场接触（Sütö, 2017）。不同之处在于，作为主权国家，他们只在熊猫债券市场发行债券，而点心债券则由其他类型的政府组织（如开发银行）发行。

行人民币债券，但当时熊猫债券市场并不存在，因此首次是在点心债券市场发行。离岸市场发行过程中获得的经验对于熊猫债券市场的发行来说是宝贵的资源。另一方面，渐进式的方式也反映在两次发行的数量上。这两个系列在出价和可接受的投标数量方面都很小，因此它们只对匈牙利公共债务的结构产生了轻微影响。同时，发行数量少也表明了两者主要是探索作用。

对匈牙利来说，在境外和境内中国债券市场发行国际债券的第一个主要原因是在两个市场体现出存在，既有登记金额，又尽可能了解相关规定和程序。第一个主要原因是投资者基础的多样化。匈牙利仍然拥有相对较高的非居民投资者份额，2008—2009 年的不良经历凸显了投资者基础平衡性的重要性。在这方面，中国国内债券市场是一个特别合适的选择，因为国际资本市场协会也指出，在 2017 年，预计熊猫债券的需求主要来自中国当地的投资者。发行这些人民币债券的第三个主要原因是具有经济和政治性质：匈牙利政府已经承诺要支持人民币国际化和“一带一路”倡议。

匈牙利熊猫债券的所有上述理由都在上一节中提到，如匈牙利开拓熊猫债券市场，追随其他发行商（或发行国）如韩国、波兰或加拿大不列颠哥伦比亚省的常见考虑因素是它们稳健的财务状况、高信用评级。

2017 年 7 月，匈牙利政府债务管理局授权中国银行和汇丰银行去组织发行境内人民币计价的国际债券（熊猫债券）。在注册过程中，发行商获得中国联合信用评级公司的“AAA”信用等级，注册金额为 30 亿元人民币。目标投资者主要是中国的相关组织。匈牙利代表在北京和上海进行了一次非交易性路演，在可能的机构投资者之间推广新的债券。

2017 年 7 月 26 日成功发行了熊猫债券，投标比例为 1.96。发行金额为10亿元人民币，债券的息票率为4.85%，期限为3年。许多投资者，如财富基金、商业银行和政策性银行等都表示出兴趣。并且，那些抓住新开启的“债券通”机会的投资者也做出巨大贡献。根据匈牙利债务管理策略，所有收益在离岸市场上兑换为欧元。

事实上，匈牙利熊猫债券是“债券通”运行后首次发行的主权债券。此外，这是2017年唯一发行的主权熊猫债券（截至2017年10月底），匈牙利成为第一个在熊猫债券市场和点心债券市场发行国际债券的主权国家。

四 结论

在此之前，我们已经讨论了中国资本市场的最新发展，特别是离岸和境内债券市场。其中还进一步详细说明了熊猫债券市场，因为匈牙利政府最近发行的熊猫债券对匈牙利经济具有更高的相关性。我们已经表明，进入熊猫债券市场的可能因素涉及从严格的债务管理的相关考虑到经济和政治驱动力。

匈牙利参与中国债券市场发展的动机以及参与人民币国际化的动机是将明确的专业判断与经济和政治原因混合在一起。匈牙利政府债务管理机构在中国债券市场的未来活动将基于上述类似的考虑。基于2017年年末注册金额还有20亿元人民币未使用，以及当年发行的经验，下一次涉足熊猫债券市场的决策将更容易抓住任何有利的市场条件。

（贺之杲翻译，陈新审校）

参考文献

1. Ba, Q. , Song, F. , Zhou, P. (2017): "Why Do Firms Issue Bonds in the Offshore Market? Evidence from China. Hong Kong Institute for Monetary Research", Working Paper No. 19/2017, September 2017.

2. ICMA-NAFMII (2017): "The Panda Bond Market and Perspectives of Foreign Issuers", ICMA-NAFMII Working Group, Report. October 2017.

3. Danese, Paolo (2017): "Banks kick off Bond Connect Trading", Article in GlobalRMB 2017Q2. July 2017.

4. Sütö, Zsanett (2016): "The Panda's Affair with the Dim Sum", National Bank of Hungary Budapest RMB Initiative, Publication. March 2016.

5. Sin, Noah (2017): "The Lowdown: PBOC Clarifies Bond Connect Rules", Article in GlobalRMB 2017Q2. June 2017.

Online sources

6. http: //www. nafmii. org. cn/english/.

7. News Release of the Province of British Columbia, Canada after the Issuance of the Panda Bond: https: //news. gov. bc. ca/releases/2016FIN0002 – 000065.

8. Rules about the Bond Connect Program: http: //www. china bondconnect. com.

中国与匈牙利零售支付监管方式的比较分析

拉斯洛·考伊迪*

经济文献已经证明了电子支付方式与现金相比是具有优势的。然而，在大多数国家，如中国和匈牙利，现金仍然是消费者最主要的支付方式。因此，国家中央银行在内的不同利益相关方推动使用电子支付方式，这将会促进经济增长，减少逃税和降低社会层面的成本，成为他们首要的优先事项之一。该研究旨在介绍中国和匈牙利为上述目的所利用的资产，政府和中央银行采取的监管、协调措施，以及已启动的项目。随着金融科技服务提供商在支付市场的崛起，这个领域变得尤其重要。

一　前言：现状

随着近几十年的技术发展和数字化，越来越多的电子支付解决方案出现在消费者的服务中。从20世纪中叶（1946年）银行卡计划的发展开始（Oliveira，P. -von Hippel，E.，2011），通过建立自

* 拉斯洛·考伊迪（László Kajdi），匈牙利央行分析师。

动结算机构（ACHs）和引入电子信贷转账和直接借记，对那些希望摆脱与现金有关的成本和麻烦的人来说，电子支付方式的范围不断扩大。进入2000年之后，智能手机和移动互联网日益普及，为主要使用移动应用的新型支付方案打开了大门。

这个过程符合世界各国政府和国家中央银行（NCB）的追求，减少现金在经济中的作用。几项研究（Hasan et al.，2012；Zandi et al.，2013）显示，除了减少逃税外，电子支付方式日益增加的相关性和使用（率）与经济增长呈现显著正相关。除了这些实质性优势之外，许多研究项目，例如欧洲国家采用统一方法论的研究（Schmiedel et al.，2012）证明在现金交易量较低的情况下，经济的社会层面可以节省大量成本；匈牙利中央银行（MNB）的研究（Turján et al.，2011）也显示如果支付市场有更有利的结构（即电子支付方式比例更高），可以节省大约0.4%的国内生产总值。

所有这些事实凸显了国家中央银行在零售支付市场发展中的重要性。包括匈牙利在内的几个国家，中央银行法案确定的中央银行的任务是为支付系统提供安全可靠的运作。此外，国家中央银行在启动和协调综合市场发展方面也发挥着重要作用，这可以追溯到支付市场的一些独特特点。其中之一是网络化性质，这意味着对综合发展而言，只有少数的市场利益相关者采取措施是不够的。例如，如果支付服务提供商（PSP）开发新的支付解决方案，可能发生的情况是用户只能向给定的服务提供商的用户发送资金，但不能向支付服务提供商的所有账户发送资金。这意味着如果没有中央银行协调，就可能发生几个并行的闭环系统，消费者必须承担在多个应用程序中注册的不便，而不是在所有支付情况下只使用一个程序。支付市场的另一个基本特征是它是一种规模经济，导致市场集中度很高。这指的是支付行业需要相对较高的启动投资成本，从而建立新的基础设施，并且这些成本可以通过增加处理的交易数量来降低，从而降低交易成本。一方面，这导致了更高的市场集中度，因为交易额更高的市场参与方可以提供更廉价的服务。这就是诸如银行卡计划的情境，在这种情况下，较小的国内银行卡计划不能与主要的银行卡公司在国际上竞争。另一方面，这是支付市场进入壁垒较高的主要原因，因为新企业的营业额通常较低，因此他们以较高的成本处理支付交易，易在市场竞争中受挫。

这些现象证明了政府和国家中央银行在零售支付市场干预的必要性，从而避免次优市场的局面。在目前研究中，笔者打算介绍中国和匈牙利不同行业的主要发展趋势，这些进展背后的主要监管步骤，中国人民银行和匈牙利中央银行促进支付系统的可靠运营，促进市场竞争。关于两国的支付系统，可以找到几个相似之处，例如现金的支配地位，这为电子支付方式的发展提供了充足的空间，两国政府在某些情况下采取了类似的措施。例如，降低商户银行卡的受理费用，从而扩大支付卡的收单网络，并为现金在零售 POS 支付情况中提供替代品。但是在金融科技领域，两国之间存在很大差异，这也要求监管工作采取不同的方式。学习（互相的）经验和比较不同的监管步骤可以进一步帮助完善自身的公共政策。

二　消费者支付习惯——现金仍然为王

为了理解正处于有利进程的电子支付方式营业额的重要性，我们首先考虑的是，现金在这两个国家的支付市场中仍然起着重要作用。在中国，所有现有研究证明现金占主导地位，例如万事达卡的全球调查（Thomas，2013）显示中国现金交易的比例约为90%。国际清算银行的统计数据（BIS，2017）也强调中国与发达的支付市场国家之间的差距：以人均信用支付为例，2016 年中国达到 5.7%，德国为 76.9%，美国为 32.7%，而中国人均信用卡支付数量为 27.7，德国为 49.4，美国为 304.4（后者的数值为 2015 年）。凯捷公司（CapGemini，2017）的研究还表明，电子交易方面还有很大的提升空间，2015 年欧元区平均交易量为 705 亿笔，而在中国，则略高于这个数字的一半（381 亿笔）。然而值得注意的是，中国的增长率是最大的，这突出了中国在这个领域的重大进展，并指出了近年来的重大变化。

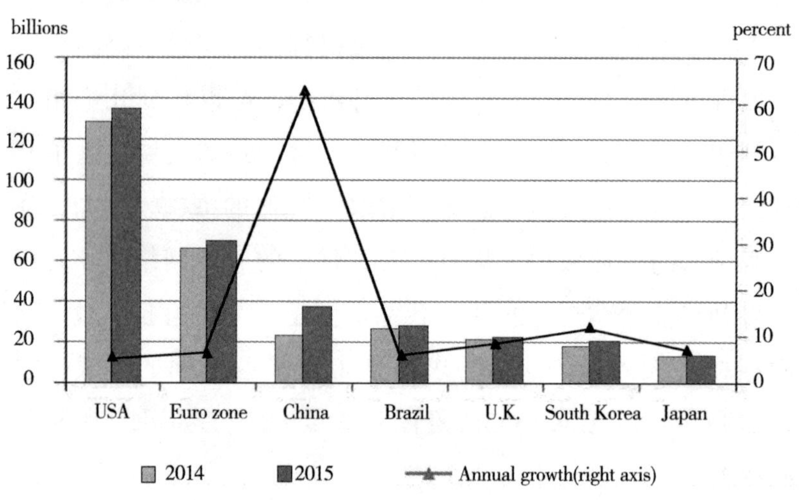

图 1　非现金支付交易数量，2014—2015 年

资料来源：CapGemini（2017）。

世界银行（2017a）二十国集团财务指标显示，在 15 岁以上的人口中，2014 年中国拥有一个银行账户的比例为 78.9%，而美国为 93.6%，德国为 98.8%。从中国角度来看，这被认为是一个非常有利的比例，因为在这个平均值范围内，偏远地区的农村人口和只有基本基础设施的农村人口也被考虑在内。根据世界银行的一份报告（Dmirguc-Kunt et al.，2015），关于未来的视角是更重要的，中国在使用手机访问金融机构账户方面处于顶尖地位。由于大多数有关电子支付解决方案的开发与移动技术的使用有关，因此中国消费者热衷于在各行各业中使用他们的智能手机是至关重要的。

在匈牙利，有关消费者支付习惯的情况表现出与中国相同的特征。匈牙利中央银行定期对这个问题进行代表性调查，最后一次是 2014 年，调查结果（Ilyés-Varga，2015）突出表明，现金仍然是大多数支付情况下的主要支付方式，占所有支付交易的 3/4 以上。现金交易价值比例较低指的是现金主要用于小额交易。根据这项研究，75% 的成年人拥有银行账户，这与世界银行（2017a）相关数据（72.3%）相一致。另外值得注意的是，在家庭层面上，银行账户覆盖率更高，约为 80%。

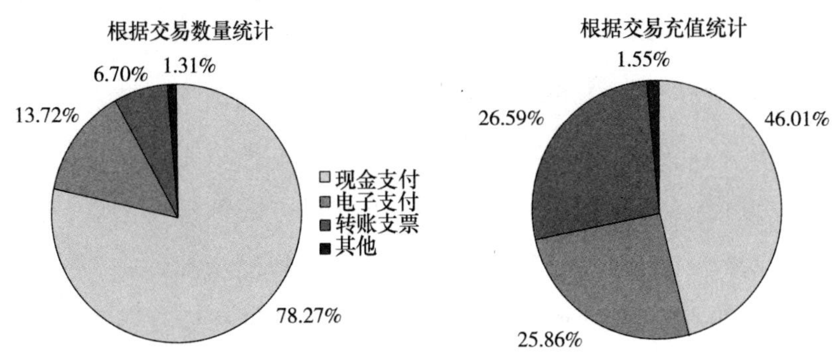

图 2　不同支付方式在支付交易中的分布，2014 年

资料来源：Ilyés-Varga，2015。

三　支付卡——在国家支持下稳步增加

在发行商方面，根据官方统计数据（PBC，2017a），中国在支付卡数量方面处于世界领先地位。2017 年第二季度，中国发行了 63.47 亿张卡。如果与人口数量相比，我们可以看到，中国的支付卡数量远远高于匈牙利的支付卡数量，匈牙利的支付卡数量为 890 万（MNB，2017a），人均支付卡数量不到一个。

考虑到收单网络，由于中国和匈牙利的规模不同，因此有必要计算每个居民支付卡的比例（中国和匈牙利人口数量都是用官方统计数据，NBSC2016 和 KSH2017），从而更好地比较两个国家。从各个方面来说，中国在五年前是落后于匈牙利的，现在落后差距不仅已经消失，而且由于最近的发展，中国在各项指标中均超过匈牙利。2017 年第二季度，中国 2400 万家商户在近 2900 万个 POS 设备上实现了卡支付，相比 2012 年的使用状态，这发生了根本性变化，2012 年有 350 家商户和 530 万个终端。然而值得注意的是，匈牙利 2017 年也出现了重大发展，2017 年年中，约有 9.2 万家商户和近 11.9 万个 POS 设备，与 2012 年年初相比，这几乎增加了 150%。更重要的是，目前 79% 的 POS 终端能够实现无接触式付款方式，从小额现金支付到电子支付方式的角度来看，这是非常重要的。近年来，中国 ATM 的数量大幅度增加也是一个基本要素，因为在一些偏远地区，这些设备是支付和银行基础设施的基础，并且在很多情况下，这些多功能 ATM 与银行分支机构一样发挥服务功能。

国家主导的行动在促进支付卡更广泛的接受度方面也起着重要作用。例如，在中国人民银行农村支付系统发展纲要（PBC，

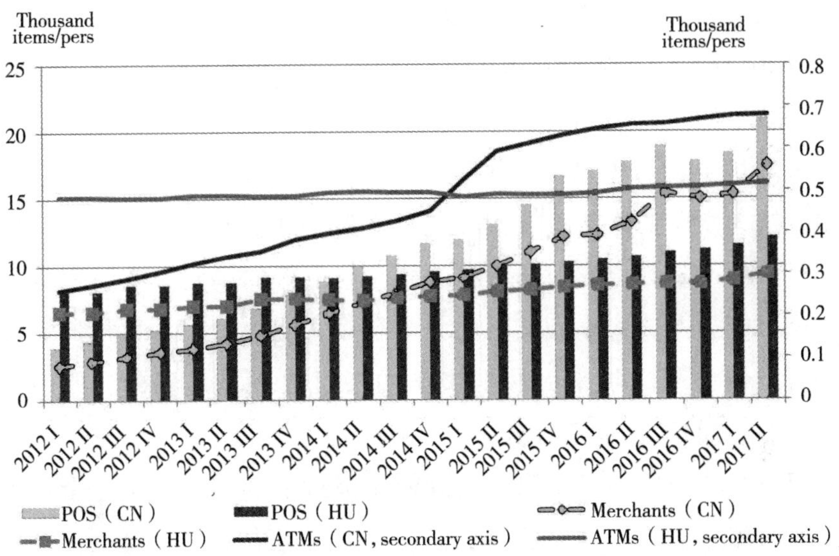

图 3　中国和匈牙利支付收单网络发展的比较，2012—2017 年

资料来源：笔者基于官方数据计算（PBC，2017a；MNB，2017a；NBSC；KSH）。

2014：147）中，改善农民工银行卡支付方式是其中一个关键目标，也涉及使用银行卡的教育，特别是对老年人。2014 年，匈牙利中央银行与银行和支付卡公司合作，在一个地区实施了一项试点项目，为商户实施 POS 终端（MNB，2017b）。在该计划中，支付服务提供商安装的终端数量是其正常业务量的两倍。2016 年，匈牙利国民经济部发起全国范围的 POS 终端实施计划，可以被视为先前匈牙利中央银行试点项目的延伸。新项目旨在为匈牙利新商户实施 3 万个新的 POS 终端，这些商户尚未实现卡支付便利化。商户的动机是降低商户费用，如最多每月支付周转额的 1%。由于 POS 实施项目的第一阶段似乎取得了成功，第二阶段又增加了 3 万个 POS 终端。

为了能够比较两国的支付卡营业额，我们必须计算进一步的指标。在平均交易价值方面，购买力平价（PPP）价值是根据世界银行（2017b）数据库计算得出的。在所考察的时间段，匈牙利的价值保持不变（约 7000 福林），中国的信用卡支付平均价值明显下降（2017 年第二季度不足 1200 元人民币），但这仍比匈牙利高 6 倍。这大概反映这样的事实：在匈牙利，更多的小额支付是使用银行卡而不是现金支付，但在中国，非银行的第三方支付服务提供商可能会占这些小额交易的大笔金额。就支付交易数量的增长而言，匈牙利近年来大约 1.25% 的增长比例是显著的，但中国 1.5% 左右的增长率显示出这一领域的巨大扩展。最后，支付与现金提取交易的比例显示出消费者使用银行卡的情况。从这个角度来看，匈牙利的支付市场似乎更加发达，但中国的情况也在不断改善。

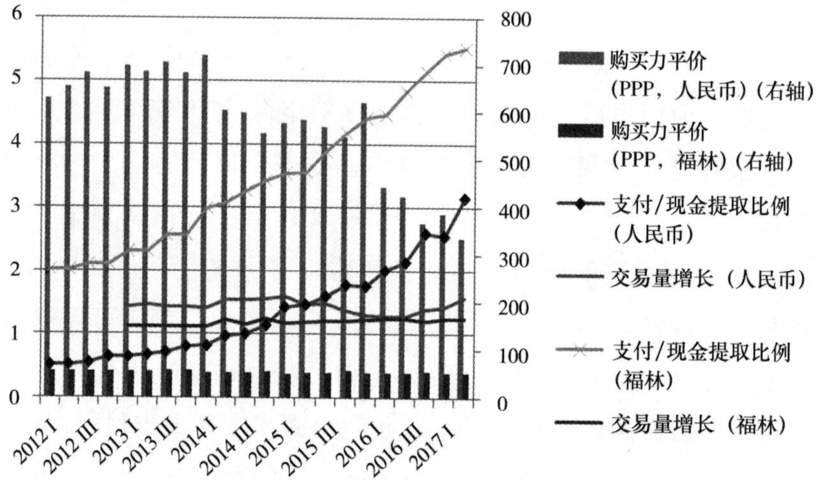

图 4　中国和匈牙利支付和交易量发展变化，2012—2017 年

资料来源：作者基于官方数据计算（PBC，2017a；MNB，2017a；World Bank，2017b）。

几乎在所有国家中，对多边交易费（Multilateral Interchange Fees，MIF）的监管是提高信用卡支付周转率的关键政策工具。匈牙利多边交易费的上限是在2014年引入的，比欧洲条例［欧洲议会和理事会关于以卡为基础的支付交易的互换费用的条例，Regulation（EU）2015/751］早一年，具有相同限额。借记卡的0.2%限额和信用卡交易的0.3%限额（与交易价值相比的最大多边交易费）目的是在接受卡支付时降低商家的成本。（支付）基础设施网络和支付额的增长率表明，这是改善匈牙利卡支付市场的成功步骤。2016年，中国支付卡费用也进行了改革（NDRC，2016），目标也是降低商户运营成本。商户支付的服务费（多边交易费是其中一部分）限额是借记卡交易额的0.35%和信用卡交易额的0.45%。网络服务费也是发卡机构和收单机构的负担，限额是交易额的0.065%（但最高为6.5元人民币），并且双方必须平分这个费用。除这些措施外，某些类型的组织（如医疗机构）免收网络服务费。中国支付卡营业额的数据证实国家干预引导市场往正确方向发展。

四　第三方支付提供商——金融科技的崛起

尽管“金融科技”（Fintech）或“移动支付”的定义在不同研究中可能有所不同，一个共识是中国在这个领域占据主导地位（KPMG，2016；Citibank，2016）。金融科技公司的移动支付应用程序的使用超过任何西方国家。在这项研究中，我们将金融科技公司称为第三方支付服务提供商（TPPs）：在中国，这意味着像支付宝或微信等非银行服务提供商系统；在匈牙利（符合即将实施的欧洲条例），这意味着新欧洲条例［欧洲议会和理事会关于内部市场支付服务的条例，Directive（EU）2015/2366］定义的支付服务（PSD2）和电子货币发行商。关于移动支付，本章节中不包括以银行卡为基础的钱包应用程序，只是使用电子货币或（即时）信用转账的应用程序。

中国国内金融科技支付方式的普及是毋庸置疑的：根据调查（FT, 2016），大城市的城市居民更愿意使用支付宝支付而不是现金，而腾讯研究所（2017）的代表性调查表明，各类零售商都使用移动支付，并且比例高于其他任何支付方式。花旗银行（2016）数据显示，中国顶级金融科技公司的客户数量等于或超过了最大的商业银行的客户数量。

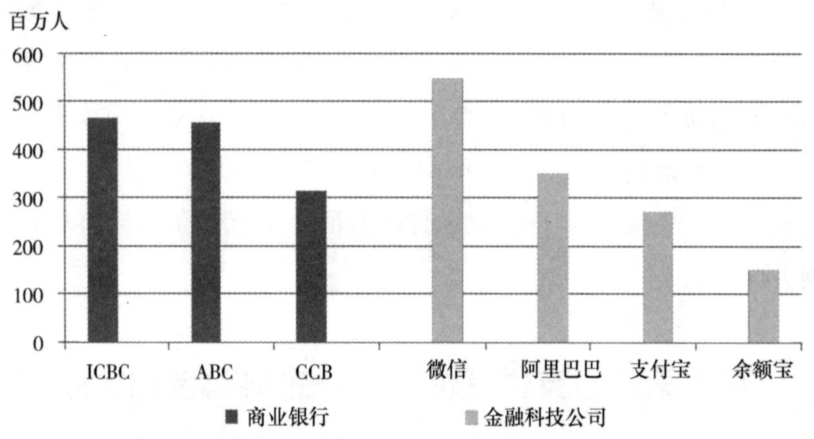

图5　中国最大的金融服务提供商的客户数量，2014年

资料来源：Citibank 2016。

金融科技（公司）受欢迎的原因一直是该领域研究的焦点。安永会计师事务所和新加坡发展银行（DBS、EY, 2016）的专家发现了一些重要因素：（1）金融需求错配，即国有商业银行不重视零售支付业务，因此用户调查显示，非银行（机构）提供更好的质量、更多创新的产品和更低的费用。（2）智能手机的普及率（2016 年 5. 56 亿人）和移动互联网技术的普遍使用。（3）巨大的电子商务市场，2016 年全球电子商务销售额的近半数是在中国。许多年轻的城市居民从现金支付直接转向移动支付，而不使用商业银行的支付卡。（4）中国互联网巨头不断创新，例如建立货币市场基金（支付宝的余额宝）。（5）中国消费者对金融科技新服务的接受。

中国政府对金融科技采取“观望”的监管方式：相对宽松的监管环境让这些公司开发创新的金融产品，收集广泛的客户基础，从而成为目前银行的强有力竞争对手。然而，在某种程度上，这些金融科技（公司）发展如此之快和规模如此之大，消费者保护、反洗钱或宏观金融稳定方面出现风险，因此需要更严格的监管框架。从 2016 年下半年起，客户在注册这些金融科技时要使用国内发行的支付卡，并且提供他们的真实姓名，以便服务提供商能够正确辨别他们（Bloomberg, 2016）。不同的规则和交易限制应用于三类客户：一是没有被第三方支付服务提供商识别的客户每年最多只能进行人民币 1000 元的交易，二是通过 3 个渠道身份验证的客户每年交易限额为 10 万元人民币，三是通过 5 个渠道身份验证的客户每年交易限额为 20 万元人民币。另一个重要的新规则是禁止金融科技公司开设账户（Parsons-Zou, 2016；Xinhua, 2015）。除了打击洗钱之外，该法规目的是防止消费者在存款保障计划范围之外的系统内保留大量金额，以及降低个体消费者的风险和系统性风险。

第三方支付服务提供商的监管也发生了变化，建立了一个多维评价体系，其中包括支付服务提供商的自律规则（PBC, 2017b）。他们确定了六个监管指标，即保障客户资金、合规与风险防控、保护客户权益、系统安全、反洗钱措施和可持续发展能力。除了这些类别之外，中国支付与清算协会还与中国人民银行合作制定了自我评价指标，同时还可以获得更多的奖励点，如促进农村地区的支付服务。基于这些评价，支付服务提供商将被注册为五种类型和十一个等级，即 A（AAA，AA，A）、B（BBB，BB，B）、C（CCC，CC，C）、D 和 E，其中 E 是最差的类别。

另一个重要步骤是从 2018 年 6 月起，建立第三方支付服务提供商结算中心（CPW，2017；FT，2017；PBC，2017b），这是服务于中国支付系统内资金流动的透明度。目前第三方支付服务提供商的用户可以将他们的银行账户连接到他们的第三方支付服务提供商账户，但是如果通过第三方支付服务提供商的应用程序进行支付，银行只能看到通过这些应用程序进行支付的数据，但没有进一步的细节。例如，从反洗钱措施的角度来看，这可能是很重要的。在新的"非银行机构网上结算平台"中，中国人民银行将持有 37% 的股份、阿里巴巴和腾讯均为 9.6% 的股份，其余 36 家支付服务提供商共同分享剩余股份。

由于目前匈牙利金融科技服务提供商的份额相对较低，这与整个欧洲是一致的，但监管变化的方向恰恰相反：通过减少市场进入的壁垒，支付市场上的新竞争对手可以增加市场竞争。因此，欧洲层面新修订后的支付服务指令（PSD2）的规定旨在界定这些规则，即第三方支付服务提供商（支付发起服务提供商和账户信息服务提供商）可以通过这些规则获得客户的银行账户。这将通过开放的应用程序设计接口（API，Application Programming Interface）来实现，这使得金融科技公司能够以安全可靠的方式访问客户数据并发起客户银行账户的支付交易（记录）。这种解决方案将流动性留在银行，这也是非常重要的，因为从宏观审慎稳定角度来看更有利。从消费者保护的角度来看，最值得注意的是账户信息服务提供者必须在匈牙利中央银行注册，而支付发起服务提供商必须获得匈牙利中央银行的许可，并且他们必须为其活动提供保险。

因此我们可以说，中国更开放的监管观点让金融科技获得巨大的市场基础，欧洲则采取另一种方式，监管机构开始实施更严格的规则来维持支付系统的稳定性和可靠性。新规定必须确保新的市场参与者能够进入由银行主导的支付市场。最终，这两种方法都必须实现一个安全运营的、竞争性的支付市场。

五　即时支付——市场参与者的新机遇

由于中国的商业银行意识到金融科技公司在支付市场的显著扩张，他们也开始开发解决方案去满足 21 世纪的用户需求。最根本的步骤之一是实施即时付款，即开发网上银行支付系统（IBPS）。2010 年，网上银行支付系统在全球首次推行，旨在实时清算小额电子零售支付（BID、CPMI，2016）。该系统持续可用（24 小时/7 周），2010 年有 120 家参与者连接到该系统。系统参与者的流动性记录是存储在中国的实时总额结算系统中的（中国的大额支付系统，HVPS），这意味着网上银行支付系统是预付资金系统，也就意味着银行必须为银行间清算保留一定的流动性，每天执行六次，处理交易的时间限制为 20 秒，支付可以通过银行的互联网或移动银行界面以及自动取款机来启动。目前银行账户的辅助标识符是不可用的（如代理或别名），例如使用移动电话号码来发起交易。网上银行支付系统的上限为 5 万元人民币，但银行也可以定义较低的个人上限。根据中国人民银行

（2017a）的统计数据，网上银行支付系统取得了成功，无论是交易数量和交易额都不断增加。

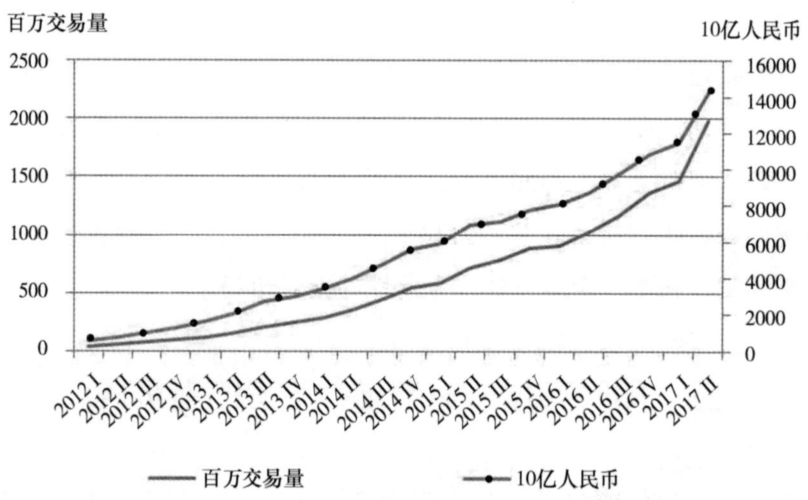

图 6　网上银行支付系统的营业额，2012—2017 年

资料来源：中国人民银行（2017a）。

最近几年来，欧洲也明显需要即时支付系统，2016 年 11 月制定了单一欧洲支付区（SEPA）即时支付计划（SCTinst）是所采取的第一步。① 根据国际趋势，匈牙利中央银行也开始在匈牙利引入即时支付的计划。2016 年年初发布了一份详细的概念文件，随后与主要市场参与者和利益攸关方进行了几轮磋商。2017 年 3 月，匈牙利中央银行做出启动国家项目的决定，目标是 2019 年 7 月启动新服务。新系统将为流动性处理提供预付资金方案，交易必须在 5 秒内处理，辅助标识符的三个类型也可以用（即移动电话号

① 参见 https：//www. europeanpaymentscouncil. eu/document-library/rulebooks/2017-sepa-instant-credit-transfer-rulebook。

码、电子邮件地址和税号）（MNB，2017c）。速度和代理将在大范围支付情况下为开发支付解决方案提供机会，因此即时支付将成为现金的真正挑战者。需要强调的是，新系统不仅能够加快信用转移流程，而且还有利于创新和市场竞争，因为在服务层面上，金融科技型支付服务提供商基于即时支付，将能够开发新的支付解决方案。一种新的消息类型——支付请求也将被引入，这可以支持即时支付的使用，例如零售支付情境或账单支付。匈牙利的解决方案符合欧盟即时支付计划的规定，但一个重要的区别是，匈牙利支付服务提供商必须实时处理低于1000万福林的信用转账交易（5秒内）。在西欧国家，主要是市场利益攸关方发起即时支付，因此自愿加入新系统是令人满意的，而在匈牙利，主要进展（例如日间清算的引入）是匈牙利中央银行发起的。因此，匈牙利中央银行强制规定账户服务支付系统提供商与新的即时支付服务连接，从而支持新服务的快速普及并推动市场创新。匈牙利中央银行还打算对QR码等主要数据录入渠道进行标准化，2016年发布了QR码支付技术标准，这与中国人民银行相同的措施一致（PBC，2017b）。

在两个系统的比较中，似乎计划中的匈牙利解决方案在速度和市场发展支持方面有一定的优势（例如使用二级标识符或支付请求消息），然而需要指出的是，中国系统最早是在十年前启动的。这是一个很大的差别，中国网上银行支付系统的建立是针对商业银行，并且提供它们与金融科技公司的竞争力，而欧洲（和匈牙利）则采用了涉及金融科技的包容性方法。这意味着修订后的支付服务指令（PSD2）监管背景以及即时支付的基础设施开发，将会支持第三方支付服务提供商营业额向传统支付基础设施的转移。因此，现有市场参与者和新金融科技公司都是同一个支付流程链的一部分。金融科技公司可以连接到银行账户，并在这些账户中提供使用流动性的（即时）支付服务，所以没有建立并行系统，中国相反，每一个金融科技公司都有自己的闭环系统和单独的用户账户。但是这一领域的基本点是中国和匈牙利央行的干预对促进全面发展和市场竞争至关重要。

六　结论

这项研究旨在表明中央银行需要对零售支付的某些基本领域进行干预，以及中国和匈牙利之间的相似和差异之处。由于支付市场的特殊性，如网络性或规模经济，可能会出现市场失灵（例如进入市场的高壁垒或寡头垄断市场结构），因此国家采取措施对避免次优市场情况是至关重要的。但是，这必须适合特定国家的特点，因此不可能找到统一的“最佳做法”。

近年来，匈牙利中央银行和中国人民银行在监管措施和开启发展方面都很活跃。在卡支付领域，匈牙利对交易费进行了管理，因此商家在提供卡受理时收单成本较低。交易费的上限可以平衡源自寡头市场结构的市场不平等，例如它有助于降低支付服务提供商的收入。这是通过全国范围的 POS 终端实施计划完成的，该计划目的是在两个阶段部署 6 万个终端设备。考虑到目前有 11.9 万个 POS 终端，这是使客户能够在大多数零售支付情况下使用电子支付方式的巨大进步。中国人民银行也采取相同的方法，设置商家和网络服务费上限。就零售 POS 支付而言，收单方的成本越低，越有助于提升中国商业银行与金融科技公司竞争的能力。

就新的金融科技类的市场参与者而言，国家干预和监管的需求更加明显。然而，在这个过程中，两国采取不同方向的方针，最终目标在两种情况下都是一样的：一个运营安全可靠的、规范的支付市场将有助于市场竞争，因为它能最大限度地满足消费者的需求。在相对宽松的监管环境下，中国建立了金融科技生态系统，这些生态系统深深扎根于人们的日常生活，并使中国成为金融科技领域的全球领先者。当然，在过了一定的节点后，（国家）机构必须采取措施，以维持支付系统的顺利运营。因此，针对“了解你的客户（Know-Your-Customers，KYC）”规则提出了更严格的要求，从反洗钱角度维护系统的可靠性。它通过建成一个新的中央结算中心而得到完善，该结算中心服务于相同目的。因此，通过逐渐收紧规则，中国政府能够支持金融科技服务提供商的发展，并加强消费者的保护和安全。

欧洲和匈牙利的监管部门采取了另一种方式，试图从一开始就以监管的方式为金融科技打开支付市场。这意味着目前市场主要是由现有的利益攸关方主导，但监管部门打算通过修订后的付款服务指令（PSD2）支持竞争，使金融科技公司通过安全方式进入银行账户。这意味着市场角色可以通过增值支付服务和增加客户体验来呈现，而现有银行则继续管理消费者账户。一方面，这对最终用户来说是安全的解决方案，因为可以提供新的创新解决方案，另一方面，银行仍然可以拥有流动资金，现有参与者也有机会成为金融科技类第三方支付服务提供商。这种方法还可以应对高端市场的准入壁垒，因为在服务层面，很容易获得新客户而不需要在有形基础设施上大量投入。

最后，即时支付的引入也是中央银行干预的相关领域。中国网上银行支付系统（IBPS）的建立主要是为了商业银行的利益，以便能够与金融科技公司的实时支付服务进行竞争。中国是首批实施该系统的国家之一，根据营业额数据显示，网上银行支付系统是重要的电子支付方式选项，并且用户群体不断扩大。匈牙利遵循欧洲方式，引入即时支付，基本上被认为是进一步改善市场竞争的基础，符合修订后的付款服务指令（PSD2）。中国两大金融科技公司在闭环并行系统中拥有绝大部分零售支付市场份额，而欧洲（和匈牙利）的方法则遵循互操作性（interoperability）的目标。这可以通过中央即时支付基础设施上的服务层来实现，广大的支付服务提供商可以加入开发，并为用户提供支付解决方案。尽管这些方法的方向是不同的，看起来最终目标是一样的，通过金融科技类服务提供商进入有规制的市场，来促进市场竞争和创新。

即时支付的监管也是非常重要的，无论是基于中国电子货币解决方案还是匈牙利信用转账的计划解决方案，因为它们可以为用户在多种支付情境下提供电子支付方式。这可以有助于降低所有交易之间的现金使用率，也可以帮助减少逃税，支持经济增长，并在社会层面节省大量成本。在过去的几十年，所需的技术无法引入此类（支付）系统和服务，但 2000 年之后数字化的快速发展，智能手机和移动互联网的广泛流行促进了这种发展。因此，为了使新技术的效益尽可能广泛和快速扩散，中央银行进行干预是首要的优先事项。在制定新的公共政策过程中，两国介绍的例子都可以为其他国家提供宝贵的经验。

（贺之果译，陈新审校）

参考文献

1. Bank for International Settlements Committee on Payment and Settlement Systems (BIS CPMI) (2016): Fast payments-enhancing the speed and availability of retail payments. Bank for International Settlements, November 2016. http://www.bis.org/cpmi/publ/d154.pdf.

2. Bank for International Settlements (BIS) (2017): Statistics on payment, clearing and settlement systems in the CPMI countries. Preliminary release. Bank for International Settlements, 2017. http: //www. bis. org/cpmi/publ/d171. pdf.

3. Bloomberg (2016): Alipay overseas push faces setback as China tightens rules. https: //www. bloomberg. com/news/articles/2016 - 05 - 18/alipay-overseas-push-faces-setback-as-china-tightens-bank-rules.

4. CapGemini (2017): World Payments Report. A preview into the global payments landscape. CapGemini, 2017. https: //www. worldpaymentsreport. com/.

5. Card and Payments World (CPW) (2017): Chinese m-payment firms forced to share data. Card and Payments World, 14 August 2017. https: //www. cardworldonline. com/index. php? option = com_ content&view = article&id = 7375: chinese-m-payment-firms-forced-to-share-data&catid = 3: mobile&Itemid = 7.

6. Citibank (2016): Digital disruption-How fintech is forcing banking to a tipping point. https: //ir. citi. com/D%2F5GCKN6uoSvhbvCmUDS05SYsRaDvAykPjb5subGr7f1JMe8w2oX1bqpFm6RdjSRSpGzSaXhyXY%3D.

7. Demirguc-Kunt, A. Klapper, L. Singer, D. Van Oudheusden, P. (2015): The Global Findex Database 2014-Measuring financial inclusion around the world. Policy research working paper 7255. World Bank Group. April 2015. http: //documents. worldbank. org/curated/en/187761468179367706/pdf/WPS7255. pdf#page = 3.

8. Development Bank of Singapore-Ernst&Young (DBS EY) (2016): The rise of fintech in China. A collaborative report by DBS and EY, 2016. http: //www. ey. com/Publication/vwLUAssets/ey-the-rise-of-fintech-in-china/ $ FILE/ey-the-rise-of-fintech-in-china. pdf.

9. Directive (EU) 2015/2366 of the European Parliament and of the Council on payment services in the internal market, http: //eur-lex. europa. eu/legal-content/EN/TXT/PDF/? uri = CELEX: 32015L2366&from = HU.

10. Financial Times (FT) (2016): Urban China leapfrogs credit cards on route to cashless society. Wilder, D. , Financial Times, 20 May 2016. https: //www. ft. com/content/2588b356 - 1e97-11e6-b286-cddde55ca122.

11. Financial Times (FT) (2017): China targets mobile payments oligopoly with clearing mandate. Wildau, G., Financial Times, 9 August 2017. https: //www. ft. com/content/3bcb5150-7cce-11e7-9108-edda0bcbc928.

12. Hasan, I., Tania De Renzis, Heiko Schmiedel (2012): Retail payments and economic growth, Bank of Finland Research, Discussion Papers 19, 2012. https: //pdfs. semanticscholar. org/9768/d9ce592d5870be4c759a262681d805e62759. pdf.

13. Ilyés, T. -Varga, L. (2015): Show me how you pay and I will tell you who you are-Socio-demographic determinants of payment habits. *Financial and Economic Review*, 14 (2), June 2015, pp. 26 – 61. http: //english. hitelintezetiszemle. hu/letoltes/2-ilyes-varga-en. pdf.

14. Központi Statisztikai Hivatal (KSH, Hungarian Central Statistical Office) (2017): Population data. Downloaded: 22 October 2017. http: //www. ksh. hu/docs/eng/xstadat/xstadat_ annual/i_ wnt001b. html.

15. KPMG (2016): 2016 China leading fintech 50. KPMG China, September 2016. https: //assets. kpmg. com/content/dam/kpmg/cn/pdf/en/2016/09/2016-china-leading-fintech-50. pdf.

16. Magyar Nemzeti Bank (MNB) (2017a): Payment data. Downloaded: 22 October 2017. http: //www. mnb. hu/en/statistics/statistical-data-and-information/statistical-time-series/xiv-payment-systems/payment-data.

17. Magyar Nemzeti Bank (MNB) (2017b): The Hungarian way-Targeted Central Bank Policy. Magyar Nemzeti Bank, 2017, p. 649.

18. Magyar Nemzeti Bank (MNB) (2017c): Payment systems report 2017. Magyar Nemzeti Bank, 2017. http: //www. mnb. hu/letoltes/mnb-payment-systems-report-2017. pdf.

19. National Bureau of Statistics of China (NBSC) (2016): China Statistical Yearbook 2016. China Statistics Press, 2016. http: //www. stats. gov. cn/tjsj/ndsj/2016/indexeh. htm.

20. National Development and Reform Council (NDRC) (2016): Notice on Improving the Pricing Mechanism of Bank Card Transaction Fees, Fagaijiage [2016] No.

557. http：//www. ndrc. gov. cn/zwfwzx/zfdj/jggg/201603/t20160318_ 793050. html.

21. Oliveira, P. -von Hippel, E. (2011): Users as service innovators: The case of banking services. Research Policy Vol. 40, pp. 806 – 818, 2011. https：//ac. els-cdn. com/S0048733311000527/1-s2. 0-S0048733311000527-main. pdf? _ tid = fb6a415a-b6f4-11e7-9dec-00000aab0f26&acdnat = 1508655076 _ eb2408ae8c5e6f112c44 c937bb3099ae.

22. Parsons, M. -Zou, R. (2016): China regulates online payments business of non-bank players. Hogan Lovells media. http：//www. hlmediacomms. com/files/2016/02/China-regulates-online-payment-business-of-non-bank-players-. pdf.

23. People's Bank of China (PBC) (2014): China Payment System Development Report 2013. China Financial Publishing House. http：//www. pbc. gov. cn/eportal/fileDir/image _ public/UserFiles/zhifujiesuansi/upload/File/% E4% B8% AD% E5% 9B% BD% E6% 94% AF% E4% BB% 98% E4% BD% 93% E7% B3% BB% E5% 8F% 91% E5% B1% 95% E6% 8A% A5% E5% 91% 8A2013% E8% 8B% B1% E6% 96% 87. pdf.

24. People's Bank of China (PBC) (2017a): People's Bank of China payment statistics. 2017. Downloaded: 22 October 2017. http：//www. pbc. gov. cn/zhifujiesuansi/128525/128545/128643/index. html.

25. People's Bank of China (PBC) (2017b): China Payment System Development Report 2016. China Financial Publishing House. http：//www. pbc. gov. cn/zhifujiesuansi/128525/128545/128646/3343451/index. html.

26. Regulation (EU) 2015/751 of the European Parliament and of the Council on interchange fees for card-based payment transactions, http：//eur-lex. europa. eu/legal-content/EN/TXT/PDF/? uri = CELEX：32015R0751&from = EN.

27. Schmiedel, H. -Kostova, G. -Ruttenberg, W. (2012): The Social and Private Costs of Retail Payment Instruments: A European Perspective. ECB Occasional Papers Series No. 137, September 2012. https：//www. ecb. europa. eu/pub/pdf/scpops/ecbocp137. pdf.

28. Tencent Research Institute (2017): 2017 Mobile payment usage in China. Ten-

cent Research Institute, 2017. https://www.chinatechinsights.com/report/180955105.html.

29. Thomas, H. (2013): Measuring progress toward a cashless society. Exclusive insights from Master Card advisors. http://www.mastercardadvisors.com/_ assets/pdf/MasterCardAdvisors-CashlessSociety.pdf.

30. Turján A. Dr. -Divéki É. -Keszy-Harmath É. -Kóczán G. -Takács K. (2011): Nothing is free: A survey of the social cost of the main payment instruments in Hungary. MNB Occasional Papers 93. Magyar Nemzeti Bank, 2011. http://www.mnb.hu/letoltes/op93-fmtk.pdf.

31. World Bank (2017a): Global Financial Inclusion Database. Downloaded: 22 October 2017. http://databank.worldbank.org/data/reports.aspx? source = g20-financial-inclusion-indicators.

32. World Bank (2017b): International Comparison Programme Database, PPP conversion factor. Downloaded: 22 October 2017. https://data.worldbank.org/indicator/PA.NUS.PPP? end = 2016&locations = CN-HU&start = 2011.

33. Xinhua (2015): China central bank details rules on online payment. http://news.xinhuanet.com/english/2015-12/28/c_ 134959185.htm.

34. Zandi, M. -Singh, V. -Irving, J. (2013): The Impact of Electronic Payments on Economic Growth. Moody's Analytics, 2013. https://usa.visa.com/dam/VCOM/download/corporate/media/moodys-economy-white-paper-feb-2013.pdf.

银行数字化和金融科技

高布勒·盖尔盖伊　绍波尔奇·彼得

法伊基什·彼得　基什·米兰*

数字世界的发展给金融部门及其监管当局带来了巨大的挑战和机遇，因为在这个领域出现了几个新的风险因素，这些因素在很大程度上受到过去几十年不具备的技术进步的影响。改变现有金融服务的技术和数字化的成就要求监管当局采取新的方法和法规。与此同时，由于数据分析方法和IT基础设施的发展，越来越多的工具可供监管机构使用，以便更深入、准确和快速地识别系统和个体机构风险。本文简要介绍了银行和金融科技的数字化，以及相关挑战和监管工具。

一　从匈牙利中央银行的角度来看金融科技和加密货币

金融服务业一直依靠技术创新来改善运营和服务，但近年来技

* 高布勒·盖尔盖伊（Gabler Gergely），匈牙利国家银行特别监管权能司司长；绍波尔奇·彼得（Szabolcs Péter），匈牙利国家银行高级监管员；法伊基什·彼得（Fáykiss Péter），匈牙利国家银行宏观审慎司司长；基什·米兰（Kiss Milán），匈牙利国家银行经济分析师。

术投资规模明显扩大，创新速度显著提升，这就产生了新技术和创新，这些新的事物可以建立新的服务和商业模式，从而减少科技公司和其他参与者进入金融市场的障碍。这些创新还可以增加消费者和企业获得金融服务的机会，降低运营成本并提高金融服务的效率。此外，这些创新带来了新的风险。

金融科技是一个总括性术语，适用于各种技术和金融服务。总的来说，我们认为金融科技是一种能够对金融市场和机构以及金融服务佣金产生重大影响，能够带来新业务模式、应用程序、流程或产品的技术性金融创新（Financial Stability Board，2017）。金融科技包括例如云服务的使用、生物识别、将分布式账本技术（Distributed Ledger Technology）应用于加密货币、数字识别和智能合同（Smart Contracts）；机器学习和人工智能在金融服务中的应用及其智能投资顾问（Robo-advisors）的使用；大数据分析和使用 NFC 的移动钱包。尽管其中部分服务已经使用了一段时间，例如生物识别和云服务，但金融科技仍处于早期阶段。金融科技具有巨大的发展潜力，并且会改变和扰乱金融服务业。金融科技既是金融服务市场的机遇和挑战，也是规则制定机构和监管机构的挑战。在本节中，我们从监管者的角度介绍匈牙利流行的金融科技服务。

由于云服务的重要性，我们将专门在第二部分云技术中对相关服务和监管方法进行详细分析。

生物特征识别依赖于客户独特和稳定的物理或行为特征，而不需要记住密码或 PIN。这些方法包括语音和面部识别、虹膜和视网膜扫描以及指纹识别。生物特征识别的优势包括易用性，以及启用远程登录和开户。因为移动设备与指纹阅读器的广泛使用，指纹识别成为最流行的生物识别方法。因此，使用指纹识别的移动银行业务是生物特征识别最普遍的用途。此外，越来越多的银行开始使用远程面部识别和在线提交身份证件以供客户登录和开立账户。生物特征识别的风险包括身份盗用和可能欺骗外部生物特征识别方法的那些快速进化的方法。

加密货币既是数字货币，也是虚拟货币。虚拟货币是价值的数字表示形式，不是由中央银行或公共机构发行的，也不是必须法定货币关联。虚拟货币作为支付手段被接受，并且可以通过电子方式传输、存储或交易（EBA，2014）。加密货币使用分布式账本技术（DLT），允许在计算机网络上共享一个通用分类账户。加密货币还使用区块链将交易存储在密码链接的区块中，即每个区块都包含前一个区块的散列，这使得块链不可被攻破，并确保交易的时间顺序。比特币是第一个在 2009 年创建的加密货币，并且变得非常流行，目前市值达 1000 亿美元。许多其他加密货币已经出现，但功能略有不同。以太坊是第二大也支持智能合同的加密货币。Ripple 是一个实时总额结算系统，商业银行也可以直接使用进行国际转账。莱特币与比特币相似，但它的运行计算密集程度较低。Dash 是一种可以确保用户匿名的加密货币（Portfolio，2017）。一般来说，加密货币可以降低交易成本、加快交易速度并降低财务负担。但是，使用加密货币涉及许多风险，包括对用户和非用户市场参与者的风险；财务完整性的风险，如洗钱和其他金融犯罪以及对现有支付系统的风险。此外，加密货币的传播对监管和监管制度提出了挑战。在匈牙利，根据“废除外汇限制法”［Act XCⅢ 2001：section 2（6）—（7）］和“信贷机构和金融企业法”［Act CCXXⅩⅦ 2013：section 6（1）、（55）］，加密货币不被视为货币兑换或现金替代支付工具。再加上其他法规的补充，加密货币不属于匈牙利的金融服务。2016 年，匈牙利中央银行发布公开声明，警告使用或投资比特币等加密货币的公民，理由是这些加密币具有不受管制的性质以及滥用加密货币的高回报投资计划。声明还提醒用户，没有任何机构保证执行加密货币交易或退偿此类支付（Perkins Coie LLP，2017）。

区块链是一项灵活的技术，可以支持除了加密货币之外的其他活动，例如智能合同、供应链、政府注册、支付和数字身份管理（Data 61，2017）。智能合同由存储在分布式账本技术中的计算机代码表示，当满足预定义的条件时这些计算机代码会自动执行。智能合同的执行可以由另一个合同或个人触发。智能合同的执行可能依赖于外部信息，如账户余额或股价，而智能合同也可能在区块链外部发送数据。与外部通信可以由受信任的第三方进行管理，称为智能预言或数据馈送。其中，智能合同非常适合管理贸易交易。因此执行这种交易可以无纸化、快速和低廉，同时需要最少的手动协调。分布式账本技术还可以处理各种与交易相关的信息，如发票、发货数据和付款状态。然而，区块链技术在保密性、隐私性和可扩展性方面存在一定限制。区块链技术发展迅速，因此监管机构和行业机构仍在探索区块链技术如何能够适应监管要求。

在金融科技服务中，匈牙利中央银行正在平衡监管者的困境。如果监管者太宽松，金融科技可能会使受监管的市场参与者享有不公平的优势，并可能构成消费者保护问题。然而，过于严格可能会阻碍创新和降低成本，而且金融科技提供商也会为来自国外的匈牙利客户服务而失去对这些提供商的控制权。其中一个解决方案是为市场参与者准备创新技术的使用准则，例如云服务（详情请参阅第二部分云技术）。另一种方式是教育消费者使用金融科技服务所涉及的风险，例如上面的加密货币。另外，我们将在第六部分监管沙箱的概念和运作中描述在受控环境中测试创新技术的监管框架。

二　云技术

在过去的二十年里，IT 领域最重大的变化之一就是云服务的出现（Lehmann Kristóf，Palotai Dániel，Virág Barnabás，2017）。IT 云是一种解决方案，可以按需访问共享的、可配置的 IT 资源，可以通过最少的管理工作或服务提供商的付出而快速分配和终止。云服务的主要特征是服务是按需提供的，即它们可以以自助服务的方式使用，它们通常可以通过互联网或专用网络访问，资源是共享的，因此服务提供商能够利用其资源同时满足多个客户的需求，系统能够快速适应不断变化的容量需求，并且服务是可测量的，因此费用与使用量相匹配。

云服务会继续增长，并且根据预期，到 2020 年大部分数据将仅以这种形式存储。当然，这种发展也会影响金融部门，但云服务带来的挑战和风险也很明显。其中包括丧失对 IT 的直接控制权，对云服务提供商的依赖以及云服务提供商的 IT 安全和隐私程序缺乏透明度。因此，监管机构需要准确严格地规范云服务的使用，以保证客户的安全。与此同时，匈牙利中央银行向金融机构提出了一项建议，旨在为统一解释那些管理和防范使用社会和公共云服务所产生风险的法律规定的应用提供实际帮助。该建议为遵守法律规定提供了指导，确定了与合同有关的最低要求，提出了要管理的风险、预期的控制措施以及监督机构检查的主要内容。

根据该建议，各机构负责确定整个云服务周期各个阶段的风险并实施相应的控制措施。当出现对云服务的需求时，该机构必须根据业务需求、涉及的成本和风险、安全要求和法律规定评估云服务的可行性。如果机构决定使用云服务，则根据服务模式，机构需要实施自己的控制，或者在合同中指定由服务提供商实施，并由机构进行验证。该机构的管理层必须制定风险消除计划，规定实施措施并对其进行验证。该机构必须在整个云服务周期内通过风险消除措施（控制）来管理合规风险，直至服务终止。

匈牙利中央银行具备监管能力，可以通过该机构检查其他机构或服务提供商处的云服务控制环境。云服务的检查有四个重点。首先，匈牙利中央银行评估监督 IT 解决方案对这一机构的不间断运营和实现商业目标是否是必需的，以及该机构的运营和完善所需的条件。其次，匈牙利中央银行检查管理层是否评估并充分评估了云服务及其发展的安全风险，是否实施了与风险相称的控制措施，以及是否创建了合同制度、监管、管理、人员以及连续控制操作所必需的技术和验证条件。再次，对合同中规定的控制措施进行分析，还需要分析确保控制操作和验证方法的设备。最后，确认匈牙利中央银行评估机构和服务提供商（执行外包任务的实体）的合法合规性。

三　电子政务（E-Government）

在资本市场和集体投资形式及其管理人的法律许可、批准、注册、移除程序和通知方面，关于匈牙利中央银行与客户之间的通信根据中央银行法案是强制性和专门电子化的（Lehmann Kristóf, Palotai Dániel, Virág Barnabás，2017）。在匈牙利——同样也是根据成员国的做法，在国际上也是如此——这是第一次采用专门的电子通信的行政程序。通过完全消除纸质文件和传统的邮政递送，专有的电子通信大大有助于减少机构花费在处理事务上的时间。

根据市场反馈和匈牙利中央银行近期的经验，电子政务管理显著减少了纸质管理和记录保存对环境的影响（因为电子存储的文档可以很容易地找回）。而且，电子政务显然更简单、更快速、更具成本效益，并且通过把客户的利益放在首位，明显提高了匈牙利央行的服务质量（通过提高效率）。通过填写由匈牙利中央银行运营的资料库（所谓的 ERA 系统，电子逆向拍卖系统）中提供的电子表格并将法律中标明的文件作为附件上传，这便体现为客户一方电子通信的技术实施。同时，还请求必须包含合规的或高级的电子签名。当然，在这些情况下，匈牙利中央银行还通过电子逆向拍卖系统以电子方式向客户提供文件。电子通信的规则和技术条件、电子逆向拍卖系统的操作和使用以及电子表格的内容由匈牙利央行行长签发的法令所规定。

四　新行为体的出现和替代性银行体系

如今，银行和金融服务市场日益变化。重点越来越多地从服务提供商亲自处理转移到电子服务。银行在其整合的客户服务 IT 系统中投入了大量资金，而其分支机构在管理方面的影响越来越小（Lehmann Kristóf，Palotai Dániel，Virág Barnabás，2017）。

PayPal 是提供电子商务支付服务的最成功的公司之一。用户可以非常简单地掌握 PayPal，因为注册后只需点击几下，就可以通过银行卡或银行账户将资金转移到新的 PayPal 账户中。在此之后，我们基本上可以执行所有在线银行活动，实际上，我们也可以使用 PayPal 卡从 ATM 取款。该服务通过简单的操作和低成本获得了比通常付款方式更具竞争力的优势。公司向出售方收取转移成本，而不是向转让方收取，因此转移期间客户方不会产生直接成本。另一个重要因素是财务转移带来的风险只影响到转移的那部分金额，因为银行账户/银行卡细节不必向第三方披露。

TransferWise 通过在线协作组织，大幅降低国际转账成本，因为它直接连接不同货币和国家产生的转账需求，并在扣除金额的同时一起执行转账。由于其价格，该服务对用户非常有利，因为交易成本远低于银行的外汇转账。

Lending Club 已将自己定位为更接近传统银行服务，推出在线点对点贷款活动。作为 Facebook 上的第一批应用程序之一，该公司通过利用社交媒体和庞大的客户群中丰富的信息成功地为其客户提供了更低廉的贷款。

比特币是一种分散型的数字支付手段。它背后没有货币当局，没有第三方中介参与货币交易。货币供应量（循环中的比特币数量）以预定的速率上升，直到达到最大的 2100 万比特币。简而言之，用户的计算机可以通过计算给定的复杂性来创建比特币。计算的复杂性始终确保计划的虚拟货币数量的创建。接受比特币的企业数量不断增加，因此数字货币逐渐履行现代货币的功能。

五　IT 监管和数据分析效率的发展

匈牙利中央银行在监管活动的若干领域进行了重大改变、修改和创新（Lehmann Kristóf，Palotai Dániel，Virág Barnabás，2017）。这些措施在加强 IT 监管的指导精神下彻底改革了 IT 监管措施。IT 监管传统上采用技术性 IT 安全措施，重点关注与监管机构的 IT 相关的法规遵从性，特别是所采用的技术解决方案。监督机构每 3—5 年进行一次综合检查，并通过有针对性和专题检查来互补。近年来，信息技术在金融领域变得更加重要，金融领域已经严重依赖于信息技术。新的模式已经出现，如基于云计算的 IT（即将某些活动外包给第三方），以及业务流程的复杂性、变化率和 IT 依赖性有所增加。此外，谨慎的监管越来越多地证明，没有 IT 专家的协助，很难评估商业控制环境的适当性。因此，必须在信息技术监督中引入新的方法，将新的检查领域纳入进来，并且必须更加重视那些已经检查过的区域。

方法论的变化影响了三个主要的方面。程序提供了更高的风险内控优势，因此除了验证基于文档的合规性（控制设计的适当性）外，控制的有效性测试程序发挥了更大的作用。除了使用抽样方法提高传统的控制测试外，还使用基于全体检查的程序，并辅以适当的审计/数据分析软件。

2016 年出现了新的检测领域，即对业务流程的 IT 支持评估和 IT 战略分析。对商业流程 IT 支持的评估包括数据流的映射、数据完整性和机密性控制的验证，这其中又包括应用程序级的控制和界面控制。基于此，IT 监管部门向审慎监管部门提交一份评估数据可靠性的评估报告和从支持所审查流程的系统中取得的报告。对 IT 战略的考察旨在确定 IT 支持（或阻碍）了多少业务目标的实现，以及计划项目组合所需的战略操作风险类型和该机构的 IT 预算是否现实的问题。在已经接受检查但现在受到更多重视的领域中，最重要的是对欺诈风险的评估，主要是通过对访问管理、登录和变更管理进行审查，通过更加详细的程序来提供更高的风险管控。

预计数字化和新兴企业的兴起将成为所有国家金融监管当局近期面临的最大挑战。匈牙利中央银行特别注意尽快创新以应对这些挑战。较好的例子包括 IT 监管的不断发展或日益增多的压力测试。

六　监管沙箱（regulatory sandbox）的概念和运作

监管沙箱是用于测试与金融服务相关的创新技术的特定监管框架。监管沙箱可作为“测试实验室”，创新者被允许对实际客户测试其产品或商业模式，测试带有一定的限制和一定的期限，并且处于被监管的和监管放松的环境中。测试环境对于最近成立的金融科技公司特别有用，因为他们大多数人没有产品实施经验。符合某些监管要求对于他们来讲也可能是一种在其运行的初始阶段启动起来过于繁重的资源。由于立法者往往必须面对未知的新情况，因此大多数创新解决方案都缺乏完善的法律背景，这一点也从监管角度支持了对某种测试环境的需求。沙箱测试是监管机构熟悉新技术、商业模式及其对金融体系影响的可能方式。因此，测试环境可以加强金融创新，同时它可以帮助发现和处理潜在的风险（He et al.，2017；EFR，2016；Arner et al.，2017）。

在有利条件下，监管沙箱框架旨在促进市场引进金融创新。监管环境的现有机制所带来的复杂性和标准可能会破坏企业家精神并阻碍新参与者进入市场。由于提供的准入成本较低，因此引入监管沙箱可以确保更快、更轻松地部署新技术。由于试点服务提供了关于市场潜力的可靠信息，监管沙箱也有利于金融科技公司的融资，这是因为对现实消费者的测试有助于确定潜在需求。此外，消费者反馈和获取真实市场数据有助于商业模式的发展。最后，监管机构与使用创新解决方案的金融科技公司或监督机构之间的合作可以确保顺利地适应与正常运营阶段相关的要求。

运营监管沙箱的国际经验目前有限。第一个受控“测试实验

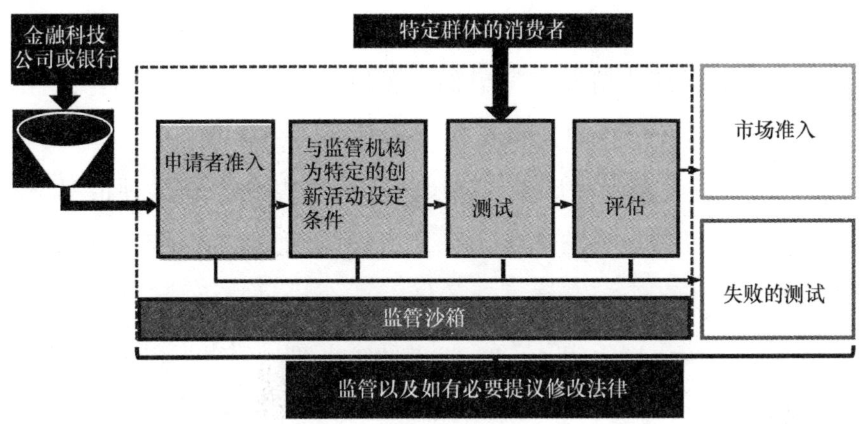

图 1　运行中的监管沙箱

资料来源：匈牙利中央银行建设基于国际案例构建。

室”于 2015 年在英国推出。到目前为止，60 名创新者被监管机构分为三群。符合条件的企业性质是多种多样的，他们中的大多数提供与电子货币平台、个人财务管理和智能投资顾问相关的服务。被拒绝的申请人中有一些公司无法证明他们愿意参加测试。在中国香港，有 28 个想法已经通过了测试，其中大部分与生物识别有关。其他国家的监管沙箱正处于初始阶段。2017 年年末，马来西亚已接受 6 名申请者，澳大利亚 5 名，巴林 3 名，新加坡 3 名。

表 1　**各国引入监管沙箱的年份**

	欧洲	远东	近东	澳大利亚	北美
2015	英国				
2016		中国香港 马来西亚 新加坡			
2017	荷兰	文莱 泰国	阿布扎比 巴林 阿拉伯联合酋长国	澳大利亚	加拿大

资料来源：匈牙利中央银行研究。

监管机构可暂时放宽某些监管或许可要求以便支持创新者。这些豁免是根据具体情况来考虑的，可以采用不同的方式提供。在某些国家，未获授权的公司在框架内能够得到限制性授权（例如荷兰、英国）（AFM－DNB，2016；FCA，2015）。在这种情况下，申请可能会得到更快的评估，并且遵守监管义务也应该是相应成比例的。对于已经拥有许可证的银行或金融科技公司来讲，可能会发布"无法执行动函"（no enforcement action letter），该文件直至项目符合测试条件为止一直有效。监管者可以提供单独的指导，以促使项目完全符合法律环境。另一种方法是放弃或重编在监管者权力范围内的某些规则。然而，在很多情况下，监管者没有足够的调整余地。因此，立法者的密切参与对监管沙箱的有效运作也至关重要。要使用监管沙箱，银行和金融科技公司必须满足特殊资格标准。当局要求具有明确目标、时间表和可行性研究的现实业务文件。申请人通常必须要证明提议的金融服务：

- 是独特的、创新的；
- 能够给消费者或产业带来利益；
- 当成功后能够在全国范围内实施；
- 做好了测试的准备①。

在测试阶段需要特别注意消费者保护。为了管理风险并缩小失败的影响，通常在监管沙箱的框架内采用各种保护措施。例如，监管机构通常对风险承受能力和可参与测试的客户数量做出一定的限制。此外，在一些国家，还需要建立一个补偿机制来弥补客户的任何经济损失，并使客户撤诉变得可能。

---

① 不同国家制定了相似的标准。马来西亚的最为详细，可参见 Bank Negara Malaysia-Financial Technology Regulatory Sandbox Framework，http：//www. bnm. gov. my/index. php？ch = 57&pg = 137&ac = 533&bb = file，2016 年 10 月。

监管沙箱的基础是根据市场参与者的投入来确定的。这些条件包括测试阶段的目标和时长、强制性报告的结构和安排、成功测试的条件以及为减少操作错误而实施的有计划干预。由于不同创新的独特性，监管沙箱测试期的长度因国家/地区而异，并且每个机构的沙箱框架内也存在一定差别。平均测试期通常为6—12个月，应足以建立所需的消费者基础，并确定商业模式的缺陷。一些确切的条件，例如监管沙箱中的某些规定的临时豁免，是通过与每个参与者进行双边磋商以特定的方式来确定的。经过成功的测试后，参与者可以获得运营许可证（如果他们没有运营许可证的话），并且可以进入市场，在那里不存在这些放松后的监管要求。

七　支付服务指令修正案（PSD2）：目的和目标

在评估了2007年通过的支付服务指令（Payment Services Directive）的应用情况后，欧盟立法者决定制定一项更符合当前要求和趋势的指令，并鼓励在欧盟使用创新的电子支付解决方案。随着欧盟这一指令修正案（PSD2）[①] 于2015年12月生效，匈牙利相应修订了法律，于2018年开始应用，建立起一个新的针对企业的法律框架，这些企业提供支付服务以及创新互联网电子服务。这一举措严格规范对用户在电子支付交易中使用的个性化安全凭证的保护，并引入若干条款来扩大和加强消费者和微型企业的现有权利。

---

① 欧洲议会和理事会在2015年11月25日颁布2015/2366指令（欧盟），这一指令是关于内部市场支付服务的。修订了2002/65 / EC、2009/110 / EC和2013/36 / EU以及1093/2010号欧盟法规，并废除了2007/64 / EC指令。

PSD2 提供了在受法规限制和监管框架下的创新型电子服务手段。近年来出现了两种新的基于互联网的支付服务，一是账户服务支付服务提供商（account servicing payment service provider），另一个是支付服务用户，这两种服务已经合并。客户在线支付所需的支付发起服务提供商，可以将账户服务支付服务提供商的支付指令提交给收款人账户信用额度。账户服务支付服务提供商，通过在线征询功能，同时能够处理所有人所有账户的支付活动，其中包括那些并不是由同一支付服务提供商维护的账户。这两项新服务都要求使用客户的个人安全证书，鉴于目前缺乏相关法规，这会带来严重的安全风险并引发严重的消费者保护问题，特别是在信息技术安全和相关法律责任、欺诈和其他滥用行为方面。同时也需要考虑到一点，即新指令对这些服务进行了规定，并且允许其仅作为有执照和受监督的支付机构提供服务，但要有完善的IT 安全措施、客户信息、责任和义务要求。如果这些新的支付服务提供商（通常称为第三方支付服务提供商，third-party payment service providers，TPP）专门提供支付开通或账户信息服务，因此它们不会持有客户资金，那么比那些可以获得客户资金的服务提供商享有更有利的审慎措施（例如账户信息支付服务提供商）。例如，该指令并未强制规定自有资金的规模，但为了能够履行与其活动相关的责任，他们必须持有专业赔偿保险或类似担保。

为了提高电子支付服务的安全性和可靠性，从而提高消费者对使用这些服务的信心，新指令对支付服务提供商提出了严格的安全、风险管理和认证要求。支付服务提供商需要制定和维护风险缓解措施、控制机制和事件管理程序的框架，旨在管理和防范与提供的支付服务相关的运营和安全风险。它们每年还需要向主管当局提供不同付款方式的欺诈统计数据。地方主管当局将这些数据以汇总的形式转交给欧洲银行业管理局（European Banking Authority）和欧洲中央银行（European Central Bank）。为防止欺诈、未经授权访问客户的个性化安全凭证和金融数据以及任何的滥用行为，当客户在线访问其支付账户或开始开通电子支付交易时，支付服务提供商需要使用强客户认证（Strong Customer Authentication）。强客户认证意味着基于使用两个或多个因素来进行认证，这些因素被定义为独立的知识（只有用户知道的东西）、所有物（只有用户拥有的东西）和一致性的（用户本身）。这样如果攻破其中之一，则不会影响其他规则的可靠性，并且这一设计的目的也是保护认证数据的机密性。

新的支付服务指令还引入了强化和扩展消费者权利、减少其义务的条款，并增加了提供给消费者的信息（例如成本和执行时间等）。最重要的变化之一是新指令的范围扩展到所有币种的支付交易[①]，并且这一范围也扩展到了在涉及欧洲经济区以外国家支付交易的情况下，部分支付交易在欧洲经济区内的情况。影响消费者的有利变化是，免费终止框架协议时间节点的延长。如果框架协议执行了至少 6 个月而不是之前的 12 个月，则可以免费终止框架协议，这就促进了支付服务提供商之间的转换。持卡消费者可能有义务承担由于使用丢失或被盗的付款工具而导致的任何未经授权的付款交易的损失，最高可达 50 欧元，而不是现有的 150 欧元。当用卡支付交易的准确金额未知时（例如酒店预订或汽车租赁），只有当持卡人已经同意支付准确的金额后，账户服务支付服务提供商才可以冻结持卡人支付账户上的资金。这些资金将在实际付款行为发生后立刻予以解冻。PSD2 还可确保客户随时能够利用支付启动服务提供商

① 在欧洲经济区内使用成员国货币来执行支付交易的情况下（例如特定执行次数），该规则不适用。

(payment initiation services provider) 和账户服务支付服务提供商。

新的支付服务指令的规定必须在 2018 年 1 月 13 日之前移植到成员国的国家法律中。在移植期间，欧洲银行业管理局将制定有关若干特定主题的监管技术标准（Regulatory Technical Standards）和准则。这些详细的规定和程序将有助于成员国应用和理解 PSD2 的规定。

八　PSD2 的监管技术标准和准则

欧洲银行业管理局获得 11 项 PSD2 关于制定监管技术标准和准则的授权，以确保为电子支付建立适当的安全措施。在欧洲零售支付安全论坛（Secure Pay）的框架下，根据 PSD2 的授权，欧洲央行参与了欧洲银行业管理局领导的工作，以制定支付服务提供商的监管技术标准和指导方针。以下是监管技术标准和指导方针。这些条例确保为重大事件和欺诈行为的电子支付和报告程序建立适当的安全措施。这些准则和监管技术标准如下：

- 关于建立、实施和监督安全措施的准则，包括认证过程（涉及运营和安全风险的管理）（PSD2 第 95 条）；
- 关于支付服务提供商的准则，重大事件的分类、内容、格式（包括标准信息模板）以及通知此类事件的程序；关于如何评估事件相关性的标准以及需要与国内其他当局分享的事件报告的细节（PSD2 第 96 条）的指导方针；
- 关于支付服务提供商的准则，明确他们应如何提供"向其主管机构递交的不同支付方式中欺诈的统计数据"，以及主管当局如何"向欧洲央行和欧洲银行业管理局提供这些数据的汇总表格"；

• 在认证和沟通方面的监管技术标准（PSD2 第 98 条）。

1. 操作和安全风险准则：第 95 条规定的任务要求欧洲银行业管理局与欧洲央行密切合作，制定支付服务运营和安全风险的安全措施指南。更具体地说，PSD2 规定，支付服务提供商建立了一个框架，并配有适当的缓解措施和控制机制，以管理与其提供的支付服务有关的运营和安全风险。为履行这一授权，欧洲银行业管理局参考了现有的、在 PSD1（EBA / GL / 2014/12）下的欧洲银行业管理局互联网支付安全性指南，在其他与运营和安全风险相关的领域中将其当作已有的标准和框架来使用，并在适当情况下将这些标准和框架应用于特定的支付服务中。欧洲银行业管理局和欧洲央行也进行了风险分析，以确定支付服务提供商所面临的主要威胁和脆弱性。这些由此产生的指南列出了支付服务提供商应执行的要求，以减轻提供支付服务所产生的运营和安全风险。准则 1 定义了关于相称性和认证过程的两个一般性原则。接下来的是准则 2—9，涵盖了治理，其中包括操作和安全风险管理框架、风险管理和控制模型以及外包；风险评估，其中包括职能、流程和资产的确定和分类；对数据和系统完整性和机密性的保护、物理安全和资产控制。此外，准则还涵盖了运营或安全事件的监测、检测和报告；业务连续性管理、场景连续性计划，其中包括测试、事件管理和危机沟通；安全措施测试；状态意识和持续学习以及对支付服务用户的关系管理。2017 年 5 月 5 日，欧洲银行业管理局发起了对准则草案的征询。该征询程序于 2017 年 8 月 7 日结束。欧洲银行业管理局根据收到的主要意见，对准则草案做出了修改。目前准则已定稿。这些准则自 2018 年 1 月 13 日起适用。

2. 重大事件报告准则：根据第 96 条的授权，欧洲银行业管理局与欧洲央行密切合作，向支付服务提供商发布了关于主要运营或安全事件分类和内容的准则、格式，包括标准通知模板以及通知程序。该任务还要求欧洲银行业管理局和欧洲央行为 PSD2 指令下的主管机构开发准则，就如何评估事件的相关性以及将与其他国内机构分享事件报告细节的标准进行评估。准则分为两部分，包括对支付服务提供商和主管部门的要求。第一套准则（第 4 节）是针对指令（EU）2015/2366 的第4（11）条和欧盟 1093/2010 号条例第 4 条第（1）款中所定义的支付服务提供商。第二套和第三套准则（第 5 节和第 6 节）是针对（欧盟）第 1093/2010 号条例第4（2）（i）条定义的主管当局。这些准则自 2018 年 1 月 13 日起生效。准则正在翻译成匈牙利语（和其他欧盟）语言。

3. 欺诈报告准则：根据第 96（6）条的授权规定，欧洲银行业管理局应与欧洲央行密切合作向支付服务提供商开发一份准则，准则规定支付服务提供商如何向主管机构提供有关不同手段的欺诈统计数据。主管当局应依次向欧洲银行业管理局和欧洲央行提供汇总形式的数据。为了确保制定两套关于欺诈性支付交易报告要求的准则，第一套准则规定了那些适用于除了账户服务支付服务提供商以外的所有支付服务提供商的要求，而第二套指导原则规定了适用于所有主管机构的要求。第一套准则定义了这两个准则之中的以数据报告为目的的欺诈性支付交易，并列出了整理和报告数据的方法，其中包括数据分解、报告期限、频率和报告截止日期。支付服务提供商将被要求按季度提供高级数据，每年提供更详细的数据。数据处理分类等级取决于使用的支付工具或提供的支付服务。准则由主管当局酌情决定报告格式和通信手段技术方面的问题。第二套准则包括对有关主管部门关于对欧洲银行业管理局和欧洲央行适用的数据汇总和数据报告频率以及截止日期的要求。这些准则自 2018 年 1 月 13 日起适用。

4. 强客户认证和安全通信的监管技术标准：根据第98条的授权，欧洲银行业管理局和欧洲央行密切合作开发监管技术标准，该产品具有强大的客户身份认证和安全通信功能，适用于支付服务提供商。监管技术标准确立了支付服务提供商需要遵守的强客户认证要求，强客户认证应用的免除以及必须符合安全措施的要求，以便保护支付服务用户的个性化安全凭证的机密性和完整性，对账户服务支付服务提供商、支付启动服务提供商和支付服务提供商之间通用和安全的开放通信标准，账户信息服务提供商（account information services providers）、付款人、收款人和其他支付服务提供商。监管技术标准考虑了 PSD2 的各项目标，包括加强安全性、促进竞争、确保技术和商业模式的中立性、有助于欧盟内支付一体化、保护消费者、促进创新和增强客户的便利性。最终的监管技术标准已经递交到欧盟委员会，在正式在欧盟官方刊物上公布之前还要经过欧洲议会和理事会的审查。根据 PSD2 第115（4）条，监管技术标准将在其生效18个月后开始应用。

5. 关于中央联络人的监管技术标准：为了方便监督那些根据设立许可通过代理机构在另一个成员国提供跨境支付服务的支付机构和电子货币机构，PSD2 给予东道成员国一个选择，即要求这些机构在其领土内任命一个中央联络人。任命联络人的目的是确保在东道成员国存在根据 PSD2 进行的充分沟通和信息报告，也是为了东道成员国和主管当局的监督。这些监管技术标准旨在确保在东道成员国选择要求任命中央联络人的情况下，这一要求与 PSD2 追求的目标相符。

6. 关于主管当局之间就经营许可通知的合作与信息交换框架的监管技术标准：主管当局之间合作和信息交流的框架将确保在一个或多个欧盟成员国开展业务的支付机构的信息能够在东道国

当局和所在国当局之间进行持续的交换。他们将区分与分支机构有关的通知、代理商的参与和免费提供的服务。

7. 关于在欧洲银行业管理局登记注册的监管技术标准和实施技术标准（Implementing Technical Standards）：监管技术标准设定了有关注册用户对欧洲银行业管理局登记册的访问；由监管当局向欧洲银行业管理局进行的信息提供和验证；注册欧洲银行业管理局的安全性、可用性和表现；与欧洲银行业管理局登记册的管理和维护有关的职责，以及在欧洲银行业管理局注册系统中对信息的搜索、对搜索结果的显示。

8. 关于所在国—东道国协调机制的监管技术标准和实施技术标准：监管技术标准规定了监察团体的建立和运作的一般条件，而实施技术标准建立了重要程序，以便组织和促进统一的监督者与相关主管部门之间的互动和合作。这两份文件都涵盖以下领域：（i）团体运作的一般条件；（ii）规划和协调持续关注情况下的监督活动；（iii）为紧急情况下的准备以及在紧急情况下的监督活动进行规划和协调。

9. 关于专业赔偿保险（professional indemnity insurance）的准则：欧洲银行业管理局针对如何规定专业赔偿保险的最低金额或对支付启动服务和账户信息服务的其他可比的保证标准，向主管部门强调了这一重要性。有意开展这些服务的承诺需要提供专业赔偿保险或将一个相应可比的保证作为获得授权的先决条件。

10. 关于投诉程序的准则：这些准则规定了支付服务用户和其他利益相关方（包括消费者协会）可以向主管当局提交关于支付服务提供商涉及侵犯 PSD2 的投诉。特别是，这些准则规定了对投诉人提交投诉的渠道的要求、投诉人提交投诉时主管当局应该要求的信息以及主管当局在投诉答复中应包含的信息。

11. 关于授权和注册的准则：PSD2 规定了作为支付机构的申请和作为账户信息服务提供商注册的信息要求。准则规定了申请人需要在授权或注册过程中向国家主管部门提交的详细信息和文件，以符合这些要求。

申请人要求的信息类型取决于支付服务提供商的不同性质。因此，准则分为三部分，分别针对支付机构、账户信息服务提供商和电子货币机构。

九　在匈牙利的即时支付

目前已在运行的电子支付解决方案的基础级服务是基于过去几十年逐渐发展的概念所创建。通常只能用于有限范围的支付情景，并且将可用性扩展至额外支付，通常情况下只能通过增加基础设施的复杂性来实现。一方面，市场参与者经常开发那些可以避开传统基础设施限制的解决方案，因此原本就复杂的基础设施的复杂性进一步增加。另一方面，他们开发了一个独立的系统，这一系统与其他那些不能互操作的系统并行。这些导致支付服务市场进一步分散，因此它们不一定支持提高支付效率。基本级别的电子支付方式——信用转账、直接借记和支付卡交易的操作逻辑基本上建立在有限的通信设施上，因此它仅在很小的程度上利用了现代通信和数据传输服务的优势。他们适应了几十年前的技术解决方案，因此他们经常使用复杂和缓慢的数据处理方法和通信流程来处理支付交易，而这些技术现在可能通常被认为是过时的。

为了解决上述问题并保持匈牙利经济和支付市场的国际竞争力，2016 年匈牙利中央银行提出要实现国内金融基础设施的现代化，并创造一个不间断（即全年 24 小时）运营的支付系统，该系统有助于即时执行付款人和收款人之间的电子支付交易，以及从长远角度支持创新支付解决方案开发的基础设施设计和运营逻辑。即时支付服务将在一种尽可能多的支付情况下进行电子支付的方式的支持下得以建立。此外，付款人和收款人都有可能以低成本和低技术门槛来使用这一服务。

为了支持市场参与者的发展，必须使中央基础设施独立于最高级的附加服务层，因为这是为了确保支付服务设施的广泛利用和未来灵活变更的方式，这也符合技术发展。这一服务的广泛使用可能有助于将目前现金交易的增加部分转移到现代电子支付方式的流转额之中。这一方面可以通过降低支付交易的社会成本来支持经济增长，另一方面由于较高数量的电子交易导致的收入也可以补偿支付服务提供商的投资开发成本。此外，这一发展也可能支持新的市场参与者进入，因为他们可以在低准入门槛下创建新的支付服务。

根据上文所述，即时支付服务的以下特性将确保从 2019 年 7 月开始运营的新基础设施能够最大限度地支持上述目标的达成（即创新、竞争和市场准入）。

• 强制使用该系统：在匈牙利创建基本的即时支付服务。支付服务提供商必须将所有国内不超过 1000 万福林的转账发送到即时支付系统，而不需要手动处理。通过强制使用，客户可以在所有支付服务提供商处使用相同的基本服务，并且市场参与者在创建自己的支付解决方案和附加服务时可以依赖可互操作的基本服务。

• 不间断（24/7/365）运营：基础设施将不间断运营，且无须计划内的停运，并且市场参与者也期望获得相同的服务水平。由于即时支付服务随时可用，客户可以在各种支付情景下使用创新的电子支付服务。这可以支持创新的支付解决方案，因此即时支付服务也可以成为现金和其他电子支付解决方案的竞争对手。

• 在几秒钟内完成整个支付周期：基础架构将实时执行即时支付，监管限制为 5 秒，技术超时限制为 20 秒。支付系统的支付服务和银行间层面的操作将实时不间断运行。因此，当客户收到付款时，银行间清算和结算已经在自动清算所系统（Automated Clearing House）进行。

• 对交易结果的反馈：收款人的支付服务提供商必须立即将即时支付交易执行结果中的反馈发送给付款人的支付服务提供商，一旦确定，收到的金额可以记入收款人的账户，或者它不能被记入账户时，支付交易必须被拒绝。反馈必须在 5 秒内到达付款人的支付服务提供商。如果交易执行失败，付款人的支付服务提供商必须在收到反馈后立即通知付款人。

• 收款人账户记录的即时和不受限制的可用性：一旦支付交易金额已记入服务商的账户，收款人的支付服务提供商必须立即将收到的金额记入收款人的账户。收款人的支付服务提供商必须确保收款人可以立即使用这笔金额用于其他付款，或者将其用于在给定时间内支付服务提供商处可用的任何其他服务。

• 使用辅助标识符：即时支付交易可以通过支付订单上的唯一辅助标识符而不是账户号码来启动。移动电话号码、电子邮件地址和税号将提供到系统中，随后还可以添加其他辅助标识符。使用这些标识符，交易发起在多种支付情况下可以更灵活和更快速。

• 请求支付消息：在启动交易之前，收款人可以通过这些消息向付款人发送开始交易和在收款方结束时进行处理所需的所有信息。支付请求的目的是尽可能减少对付款人手动操作创建付款订单的需要。由于付款人可能会收到所有必要的数据，因此可以自动创建付款订单，付款人可以在核对后批准并启动交易。

• 支付解决方案的互操作性：为了支持支付服务之间的互操作性以及解决相同的需求并且同时运行的问题，共同的技术标准必须被制定到那些预计最常用于启动即时支付的数据输入解决方案之中，并且它们必须免费提供给所有利益相关者。即使在较少使用的技术解决方案且不具有通用标准的情况下，确保服务的技术互操作性也是重要的。为确保这一点，使用此类解决方案的服务提供商必须披露其数据录入解决方案的技术细节，并且应该由所有其他服务提供商自由使用。

• 灵活的通信网络：中央基础设施的通信层将能够根据市场需求处理多种信息格式。这将支持连接到即时支付的附加服务的创建和运行，因为必要的通信可以在与支付交易相同的服务级别的相同基础设施上进行。这将支持市场参与者通过提供额外信息（例如有关计费或忠诚度系统的信息）来创建加强支付流程的服务。

（马骏驰翻译，陈新审校）

参考文献

1. Act XCIII of 2001 on the Abolition of Foreign Exchange Restrictions and the Modification of Certain Related Laws.

2. Act CCXXXVII of 2013 on Credit Institutions and Financial Enterprises.

3. AFM-DNB (2016), *More room for innovation in the financial sector-Market access, authorisations and supervision*: *Next steps*, AFM-DNB, December 2016. https://www.dnb.nl/en/binaries/More%20room%20for%20innovation%20in%20the%20financial%20sector_tcm47-350715.pdf.

4. Arner et al. (2017), "FinTech and RegTech in a nutshell, and the future in a sandbox", *CFA Research Foundation Briefs*, Vol. 3, No. 4.

5. Data61 (2017), *Risks and opportunities for systems using blockchain and smart contracts*, https://www.data61.csiro.au/~/media/052789573E9342068C5735BF604E7824.ashx.

6. EBA (2014), *EBA Opinion on "virtual currencies"*, EBA, 4 July 2014. www.eba.europa.eu/documents/10180/657547/EBA-Op-2014-08+Opinion+on+Virtual+Currencies.pdf.

7. EFR (2016), *European Financial Services Paper*, September 2016, http://www.efr.be/documents/news/99.2.%20EFR%20paper%20on%20Regulatory%20Sandboxes%2029.09.2016.pdf.

8. FCA (2015), *Regulatory sandbox*, *Financial Conduct Authority*, https://www.fca.org.uk/publication/research/regulatory-sandbox.pdf.

9. Financial Stability Board (2017), *Minotoring of FinTech*, FSB, http://www.fsb.org/what-we-do/policy-development/additional-policy-areas/monitoring-of-fintech/.

10. He et al. (2017), "Fintech and Financial Services: Initial Considerations", *IMF Discussion Note*, SDN/05, 2017.

11. Lehmann Kristóf, Palotai Dániel, Virág Barnabás (2017), *The Hungarian Way-Targeted Central Bank Policy*, Magyar Nemzeti Bank.

12. PerkinsCoie LLP (2017), *Digital Currencies International Actions and Regulations*, https://www.perkinscoie.com/en/news-insights/digital-currencies-international-actions-and-regulations.html.

13. Portfolio (2017), *Ismered meg a világot legnagyobb kriptopenzet*, http://www.portfolio.hu/vallalatok/it/ismerd-meg-a-vilag-ot-legnagyobb-kriptopenzet.247745.html.